태아생명살리기

위드유캠페인

태아생명살리기

정영선 칼럼

히움출판사

추 천 사

김현철 사단법인 프로라이프 고문

 낙태는 단순한 개별 사건이 아니라 세계관의 전쟁이라는 사실을 이 책은 보여줍니다. 창조 신앙을 기초로 하는 기독교인에게는 심각한 도전이 아닐 수 없습니다. 교회 지도자들이 꼭 읽고서 모든 교회에서 생명 존중 교육을 하기를 기대합니다. 이 책은 서재에서 생각을 쓴 것이 아니라 생명 전선의 현장에서 현실을 증언한 것입니다.

강순원 태아생명살리기 WITHYOU캠페인 대표

 태아는 어떻게 하여 존재하는가? 태아의 어떠한 의향도 없이 부모에 의해 즉 타인에 의해 존재하게 된 것이다. 또한 엄마와 태아가 하나라면 출산 후에도 동일해야 한다.
그래서 나는 수정된 순간부터 생명이요 인간이라 단연코 주장한다.
 이 "태아생명살리기" 책은 저자 자신이 많은 사실들을 인지 고찰하고 실제 몸으로 부딪치는 현장에서의 생생한 체험으로 체득한 산 증거를 사실대로 밝혀서 고귀한 태아의 생명을 지키고 대한민국을 굳건히 세우려는 저자의 깊은 뜻을 담아 만들어진 귀한 책이라 적극 추천한다.

이종락 주사랑공동체교회 담임목사

재단법인 주사랑공동체 이사장, 주사랑공동체 베이비박스운영자

"태아는 생명이다"라는 성경의 진리를 외칠 때 세상에서는 무지막지한 돌을 던져댑니다. 아프지만, 그러함에도 스데반 집사처럼 돌에 맞아 죽을지언정 예수 그리스도의 생명의 진리를 믿는 우리는 소리 내는 자의 목소리를 다해야 합니다. 그들을 정죄함이 아닙니다. 그들 또한 복음의 진리로 살려야 할 생명이기 때문입니다. 태아의 생명과 태어난 생명 모두 하나님이 창조하신 생명입니다.

이사야 49:1 "섬들아 내게 들으라 먼 곳 백성들아 귀를 기울이라 여호와께서 태에서부터 나를 부르셨고 내 어머니의 복중에서부터 내 이름을 기억하셨으며"의 말씀과 같이 태아의 생명과 태어난 생명 모두 하나님이 창조하신 생명입니다.

정영선 대표의 [태아생명살리기] 위드유 캠페인 책을 통해 혼란의 시대에 살아가고 있는 우리에게 크리스천으로서 '외치는 자의 목소리'와 같은 삶의 길라잡이가 되어주고 있습니다. 지금도 아무 소리도 내지 못하고 침묵으로 죽어가고 있는 태아의 고통과 슬픔이 이 책을 통해 큰 울림의 나팔소리가 되어주길 진심으로 바라고 기도합니다.

사랑하고 축복합니다.

차희제 MD 프로라이프 의사회장 생명대행진 조직위원장

저는 오래전부터 낙태가 넘어가 버리면 나머지 생명 관련 이슈들도 결국 다 넘어가게 될 것이라고 말해 왔습니다. 그만큼 낙태는 모든 생명의 문제들을 결정짓는 가장 중대한 핵심 요인이자 마지노선으로 보았습니다. 2022년 6월 24일 미국에서 로 대 웨이드 법안이 폐기되는 쾌거가 있었고, 이 판결은 우리나라의 낙태법 개정에도 반드시 결정적인 역할을 할 것으로 기대되었습니다. 그러나 아직까지 우리나라에서는 몇몇 생명 운동단체들의 의미 있는 활동 외에는 정부도 국민도 별다른 움직임이 없습니다. 급진 여성주의가 대학가에서 조금씩 잦아드는 작은 변화가 감지되었으나 커다란 변혁의 쓰나미로 나아가지 못하고 있습니다.

이때 가장 중요한 일은 이미 많은 부분 저들에게 넘어가 버린 청소년층(Gen Z)의 의식을 다시 생명 존중의 길로 전환 시킬 수 있는 대책이 필요하다는 것입니다. 이것은 비단 우리나라 뿐만 아니라 미국 등 선진국에서도 고심하고 있는 문제입니다.

이 귀한 책자는 이 모든 것들에 대한 해법을 찾을 수 있는 열쇠의 단서를 제공해 줄 것입니다. 아울러 Human Person In Utero(HPIU), 즉 '자궁 속 작은 인간 사람'에 대한 인식도 발견할 수 있을 것입니다.

이명진 한국기독교생명윤리협회 상임운영위원장

전) 성산생명윤리연구소 소장

〈생명을 사랑하는 두 아이 엄마의 따뜻한 생명 사랑 일지〉

주님이 부르시고 보내신 곳에서 생명을 지키고, 살리기 위해 쉬지 않고 캠페인을 하고 있는 엄마들의 모임이 있다.

태아생명살리기 〈위드유 With you〉 캠페인. 자발적으로 모여 자비량으로 생명의 소중함을 알리고 생명을 지켜내기 위해 온 마음을 다해 외치고 있다. 때로는 눈시울을 적시는 간절한 호소로 캠페인을 진행하고 있다. 황량한 광야에서 외치는 세례 요한처럼 생명 사랑의 외침이 대한민국 여성 그것도 엄마들의 목소리로 전해지고 있다.

2018년 생명 살리기 운동을 시작하게 된 때부터 현재까지 진행해 온 위드유 단체의 활동과 성명서를 담아 책으로 나오게 되었다. 생명을 사랑하는 엄마의 감성과 따뜻함이 담긴 글들이다.

2022년 6월 24일 미국에서는 49년간 6천 3백만 명의 생명을 앗아간 로 대 웨이드 판결을 무효화시키는 돕스 판결이 나왔다. 그러기까지 많은 크리스천들의 회개와 눈물의 기도가 있었기 때문이다. 이제 대한민국에서도 생명 존중 운동과 회개와 기도 운동이 일어나고 있다.

위드유 캠페인을 이끌고 온 정영선 대표가 생명 사랑 일지를 책으로 모아 세상에 소개하고 있다. 이 책의 따뜻한 사랑의 온기를 통해 차가운 얼음처럼 얼어붙은 세상이 녹아지고 생명이 지켜지길 소망한다.

홍순철 고려대 산부인과 교수 성산생명윤리연구소 소장

　책자의 한 내용이 마음에 깊이 다가온다.

"낙태는 엄연한 살인이다. 살인하지 말라는 십계명에 정면 도전하는 법 개정에 교회가 이토록 조용한 이유가 이해가 되질 않는다."

미국에서는 1972년 연방대법원의 로 대 웨이드 판결 이후 6천만 명의 아기들이 생명을 잃었다.

　이 책은 태아의 생명을 지키기 위한 많은 노력과 기도가 서술되어 있다. 스스로 목소리를 내지 못하는 태아는 말한다.

"엄마, 아빠 나는 태내에서 잘 있었어요.

나는 다운증후군이지만, 엄마 아빠를 사랑해요."

"엄마, 아빠 비록 힘든 상황이어도, 저를 지켜주세요."

　태아 살리기 운동에 앞장서고 있는 정영선 대표께 감사를 전한다.

우리 모두가 나서야 한다. 우리 모두가 주위의 낙태를 고민하는 이웃, 청소년, 학생, 친구에게 조언해야 한다.

"무슨 말이야, 당연히 낳아야지…. 내가 함께 필요한 것 도와줄께!"

교회와 성도가 함께 기도해야 한다.

"이 땅의 태아 생명을 지켜주세요. 이 땅의 정치인, 법조인들이 하나님을 경외하고 태아 생명을 지킬 수 있도록, 예수님의 이름으로 기도드립니다."

박상은 샘병원 미션원장, 4기 대통령직속 국가생명윤리위원장

　숨죽은 듯 고요하다.
정적을 깨고 바이올리니스트가 들어와 기준 음을 연주한다.
그 선율에 맞추어 오케스트라 모든 악기는 튜닝을 한다.
이어 지휘자가 등단하고 오케스트라는 웅장한 교향곡을 연주하고
온 청중은 일어나 기립 박수를 보내며 환호한다.
　작가 정영선은 원래 바이올리니스트였다.
이제 그녀는 생명의 절대 음을 연주하며 그 음에 맞추어 위드유는 국
회 앞에서, 헌법재판소 앞에서 웅장한 태아살리기 생명교향곡을 연주
한다. 그러면서도 모든 공을 지휘자에게 돌린다.
나서지 않으며 자랑하지 않는다. 하지만 우리 모두는 알고 있다.
이름 없이 빛도 없이 섬기는 수많은 엄마들의 외침이 역사를 바꾼다
는 것을 지금은 나비의 작은 몸짓에 불과하지만 생명의 바람은 거대
한 태풍이 될 것이며, 한 줌의 샘물처럼 보잘것없지만 시내가 되고 강
물이 되고 바다가 되어 지구를 덮을 것이다.
　생명의 주님은 살아 계시다. 가장 나약한 인간 생명인 태아를 경험
하신 그 분께서 감람산 바위 위에서도 생명을 위해 기도하셨으며 십
자가에서 생명을 구원하시려고 모든 피를 다 쏟으셨다.
　이 책을 통해 우주보다 귀한 태아를 만나고 태아였던 시절을 지나
멋진 모습으로 살아가는 당신을 만나고 무엇보다 태아를 사랑하시어
태아의 삶을 사신 예수님을 만나시길 기도합니다.
그리고 이제부터의 삶은 생명의 교향곡을 연주하는
멋진 오케스트라의 삶을 사시길 축복합니다.

감사의 글

추천서를 써주신 목사님 의사 선생님들이 우리나라 생명 존중(낙태)을 지켜오신 분들이다. 신학생때 하나님의 음성을 듣고 처음 우리나라 유일한 낙태 반대 운동단체를 만드시고 평생 헌신하고 계신 김현철 목사님, "내가 대단한 사람이 아니라 사람들이 관심이 없나봐." 하며 우시며 2018년부터 비가 오나 눈이 오나 "태아를 살려주세요!" 매주 외치고 계시는 강순원 목사님, 아픈 아들을 돌보다 아픈 사람 버려진 아기들을 수 십년 함께 살며 돌보시는 베이비박스의 이종락 목사님, 30년 동안 생명 운동가로 활동하며 매년 생명의 소중함을 알리는 생명대행진 (March for life)과 낙태 종식을 위해 기도하는 생명의 40일 기도운동 (40days for life)을 주관하시는 차희제 원장님, 성산생명윤리연구소장이셨으며 칼럼으로 강연으로 생명의 소중함을 전하고 계신 이명진 원장님, 현직 산부인과 의사 선생님 중 중요한 일이 있을 때마다 목소리를 내주고 계시는 고려대학교 홍순철 교수님, 장기려 박사님의 제자이자 아프리카미래재단 대표이신 안양샘병원 박상은 원장님

일곱 색의 무지개처럼 하나님의 언약을 지켜주고 계신 일곱 분께 감사드리며 아무것도 몰랐던 나를 이 자리에 불러주신 하나님께 감사드리며 이 책을 시작한다.

목차

3장

4장

1장

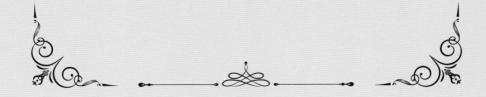

1. 지금도 말씀하시는 하나님

2019년 2월 말. 우리나라가 곧 낙태죄가 폐지될지도 모른다는 소식을 접하게 되었다. 나는 막연히 하나님이 싫어하시겠지 라고만 생각했다. 그런데 갑자기 주님의 음성이 선명하게 들렸다.

"네가 이걸 막아주면 좋겠다."

그래서 난 매일매일 싫다고 기도했다. 최근 3년 동안 특별히 아픈 데도 없는데 거의 집 밖에 나가질 못하고 누워 있었다. 그런 나에게 너무나 어울리지 않는 일이었다. 또 여러 가지 이유가 있었다. 그런 이유들은 다 걱정하지 말라고 하셨다. 그래도 망설이자 나에게 꿈으로 어린 아이들이 나왔다. "내 아이들은 다 키웠어요!!!" 소리쳤다(당시 중학생 2명). **"이 아이들도 너의 아이들이다."**라고 하셨다.

그렇게 머리가 아닌 마음으로 기도가 부어졌다.

그래서 난 서명을 받고 있는 분을 인터넷으로 찾아 전화했다.

"제가 도와드리고 싶은데 서명은 얼마나 진행되었나요?"라고 하니 7천 명이라고 하셨다. 그때 내 생각이 아닌 말이 나왔다.

"교회 전체서명을 해야 합니다!!! 시간이 없어요."

그렇게 일이 시작되었다. 아시는 분도 부탁할 분도 없어 무작정 전국 교회 목사님들에게 이메일 팩스를 보내기 시작했다. 전화를 해서 면박을 당하는 일도 많았다. 또 친구들에게 교회 서명 여부를 체크하고 서명지를 모으기 시작했다.

교회 전체서명이 안 되는 곳을 위해 조금이라도 더 서명을 받고자 온라인 서명을 열자고 했다.

국민청원(온라인 서명) 20만 명 넘었다고 낙태죄를 없애자고 하니 우리도 20만 명을 넘겨야 합니다. 주님께서 시작하신 일이니 주님이 반드시 일하십니다. 저는 안 되는 일은 시작도 안 합니다!!! 하며 반대해도 결과를 바꿀 수 없다는 사람들을 설득해 나갔다.

시편 147편 15절
그의 명령을 땅에 보내시니 그의 말씀이 속히 달리는도다

그렇게 3월 초에 시작한 서명이 2주 만에 12만 명이 넘었다. 그때까지도 낙태 반대 의견 기사가 하나도 없을 때였다.

서명 덕분에 반대 의견 기사들이 나가기 시작하고 기자회견을 할 수 있었다. 또 국민대회를 준비하는 과정 중에 무엇을 기도해야 하는지 우연히 보게 하시고 기도하게 하셨다.

그때마다 무명의 기도자들에게 기도 제목을 나누며 기도를 요청했다. 주요 언론사에서는 팩트 전달이라도 해주면 좋을 텐데 일제히 국민들은 낙태죄 폐지(낙태 찬성)를 원한다고 기사를 썼다. 반대 기사는 종교 신문에서만 나와서 대부분은 알 수가 없었다. 관련 기사를 찾다 보니 2018년 낙태죄 폐지 반대 100만 명 서명을 가톨릭에서 제출한 것을 알게 되었다. 우리 측 서명이 20만 명이 될 것을 믿고 믿음으로 120만 명 기자회견을 한다고 기사를 냈다.

2019년 4월 3일 120만명 서명 기자회견

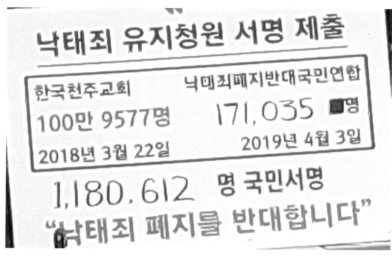

그런데 기자회견 직전 서명을 세어보니 예상과 달리 118만 명이었다(2만 명이 모자랐다). 조금은 아쉬운 마음이 들며 기자회견이 시작되었다. 그런데 온라인 서명이 빠졌다고 문자가 왔다.

온라인 서명 2만 명!!!

20,122명 응답

난 그 자리에서 서서 엉엉 울었다. 그렇게 당당하게 120만 명 서명 제출하고 기자회견을 할 수 있었다.

주님은 참 신실하신 분이다.

순종하는 자는 결코 수치를 당하지 아니하리라는 말씀을

지금도 이루시는 신실하신 분이다.

주님은 서명을 시작할 때 주일설교를 통해 응원해 주셨다.

여호수아 10장 12~14절

여호와께서 아모리 사람을 이스라엘 자손에게 넘겨 주시던 날에 여호수아가 여호와께 아뢰어 이스라엘의 목전에서 이르되 태양아 너는 기브온 위에 머무르라 달아 너도 아얄론 골짜기에서 그리할지어다 하매
태양이 머물고 달이 멈추기를 백성이 그 대적에게 원수를 갚기까지 하였느니라 야살의 책에 태양이 중천에 머물러서 거의 종일토록 속히 내려가지 아니하였다고 기록되지 아니하였느냐
여호와께서 사람의 목소리를 들으신 이 같은 날은 전에도 없었고 후에도 없었나니 이는 여호와께서 이스라엘을 위하여 싸우셨음이니라

말씀대로 태양이 멈추고 달이 멈추었다. 시간이 멈추었다. 한 명 차이로 유예기간을 두는 판결이 내려져 지금까지 낙태죄가 유지되고 있다. 주님은 우리의 기도와 행동에 신실하게 응답하셨다. 이번에도 뉴스는 이미 다 끝난 거라고 이야기한다. 우리가 할 수 있는 것이 없다고 하지만 성경은 원수를 갚을 때까지 …. '여호와께서 우리를 위해 싸우실 것이다'라는 말씀 그대로를 난 믿는다. 여호와가 우리를 위해 대신 싸우시는 것을 경험하고 있기 때문이다. 난 이 기쁨으로 하루하루를 살고 있다. 많은 자들이 이 기쁨을 맛보아 알기를 소망한다.

생명을 살리는 새로운 법이 나오기를 기도한다. 이 법을 통해 우리나라가 마지막 때에 건짐 받게 되는 기적의 역사가 일어날 것을 믿는다.

주님은 지금도 말씀하시고 말씀하신 그대로 이루시는 분이다.
담대하라 내가 세상을 이기었노라.

2. 헌법재판소에 흐르는 생명의 피

　2019.4.11 낙태죄 헌법불합치 판결을 받았다. 이대로 끝나는 것은 주님의 계획이 아니란 생각이 들어 며칠 후 서울 종로구 재동 헌법재판소에 다시 갔다. 앞으로 어떻게 기도해야 할지 찾고 싶었다. 헌법재판소에서 하는 설명회를 듣고 나와 건물을 돌며 기도하고 있는데 갑자기 등이 오싹하여 소리를 질렀다. 나무 한 그루가 있었다. 나무에 대한 설명을 보니 600년이 넘었다니 이 나무에 대해 궁금해졌다. 그렇게 역사에 대한 여행이 시작되었다...

<서울시 종로구 헌법재판소 안의 백송>

우리나라 천연기념물 제8호. 600년이면 조선 시대가 시작된 1392
년부터 지금까지 이 자리를 지킨 것이니 참으로 오래된 나무다 중국
북경(청나라)을 왕래하던 사신들이 묘목을 가져다 심었다고 한다.
그동안 이 나무는 무엇을 보았을까?

<1453년 계유정난> 수양대군이 어린 나이에 왕에 오른 단종을 보필할 사람들과 가족들을 무참히 살해하는 사건이 바로 이 나무에 일어났고 너무 많은 사람들이 이 나무에 매달려 죽어 온 동네에 재(齋)를 뿌렸다고 하여 재동이 되었다.

<현재 서울시 종로구 재동의 행정구역>

그리고 헌법재판소는 조선 후기 홍영식(1855~1884)이라는 사람의 집이었다가 제중원(세브란스병원 서울대병원의 전신)이 되었다는 놀라운 사실을 알게 되었다.

<제중원>
우리나라 첫 선교사인 알렌 선교사의 최초의 서양식병원

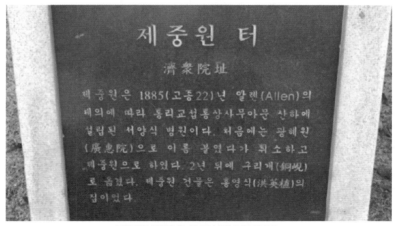

제중원 건물은 홍영식의 집이었다.

홍영식은 어떤 사람이었을까? 어떻게 한 사람의 집이 제중원이 되었을까? 혹시 기독교인이 아니었을까 하는 생각이 들며 심장이 뛰었다!

<1884 갑신정변의 홍영식>

우리나라가 청나라의 속박에서 벗어나고 서양 문물을 받아들여 새로운 조선을 꿈꾸었던 갑신정변의 주역.

3일 만에 청나라 개입으로 끝나 29세의 젊은 나이에 살해당하고 가족들은 역적으로 몰려 전 가족 20명이 죽은 장소이다. 많은 사람이 죽고 또 많은 사람을 살린 장소인 지금의 헌법재판소.

홍영식이 생각한 서양 문물이 혹시 기독교가 아니었을까 하는 생각이 들었고 거기에 대한 자료를 하나씩 찾게 되었다.

보빙사절단(홍영식 맨 왼쪽)과 통역을 맡은 로웰 선교사

1882년 5월 한미수호통상조약이 체결된 후, 이듬해 미국은 한국에 공사관을 개설하고, 한국 정부는 그 답례로서 민영익·홍영식·서광범·유길준 등의 외교사절단을 파견하였다. 이것이 계기가 되어 선교사들의 한국 입국이 시작되었다.

　　한국 사절단들은 철도여행 중 미국 북감리교 목사 J.F. 가우처를 만나게 되어 한국에 대한 선교의 필요성을 역설했고, 가우처는 뉴욕 선교본부와 일본에 있는 선교사 매클레이에게 연락, 한국 선교를 촉구하였다. 따라서 1884년 6월 24일 매클레이 목사가 내한, 고종황제로부터 미국 북 감리교회가 한국에서 의료사업과 교육사업을 할 수 있도록 윤허(允許)를 받아낸 것이 우리나라 기독교의 시작이었다.

홍영식의 마지막 글

내가 땅에 떨어질 때 땅은 내 피를 다스렸다
내가 죽을 때에는 하늘이 내 마음을 살피리라
나와 같은 마음을 가졌거든 나와 함께 맹세할지어다
만약 이 마음을 배반한다면 반드시 창천은 주륙하리라

1884년도 홍영식

　홍영식은 미국에 가서 우리나라 선교의 필요성을 전하고 선교사님들이 우리나라에 올 수 있게 한 사람이었다.

　우연인 것 같지만 홍영식 집터에 제중원이 생긴 것은 결코 그냥 생겨난 것이 아니었다. 예상하듯 알렌 선교사와 홍영식은 이미 아는 사이였고 갑신정변 때 크게 다친 민영익을 알렌에게 부탁해 생명을 구하게 한 사람도 홍영식이다.

낙태죄에 대한 판결로 생사를 가르는 장소가 된 헌법재판소.
그들의 죽음을 우리가 잊지 말고 기억하길
그들의 피가 헛되지 않기를 기도한다.
복음은 생명을 낳는다.
복음은 사망과 실패의 자리도 생명으로 바꾼다.
지금은 수많은 병원이 세워져 사람을 살리는 그 복음의 피가
다시 한번 우리나라를 덮기를 소망한다.

3. 낙태죄 판결, 그날의 진실

2017년 2월 한 산부인과 의사는 낙태죄에 대해 헌법소원을 내며 낙태죄에 대한 싸움은 시작됐다. 그러자 국민청원(온라인)으로 23만 명이 동의하였고 언론은 일제히 이번엔 통과될 것 같다는 기사를 내보냈다. 내가 찾아본 바로는 단 하나도 반대 기사를 찾지 못하였다. 반대 의견을 이야기하는 곳이 있으면 가짜뉴스라고 공격했다. 같은 내용 글과 사진을 여러 언론에서 사용하며 기사량을 늘렸다. 2017년 11월 당시 조국 민정수석은 청와대가 답변을 해야 한다고 했다. 낙태죄는 부정적 단어이고 임신중절이란 단어를 사용해야 한다고 했다. 첫 브리핑에서 이미 한쪽 손을 들어주었다.

　우리나라에는 헌법이 있고 상위법이 있고 하위법이 있다. 그런데 국민청원이란 제도를 만들어 법을 바꿀 수 있다는 인식을 만들어 냈다. 20만 명 넘으면 답변해야 한다 하고 답변 또한 선택적이다. 국민의 소리를 듣겠다고 만든 국민청원.
국민은 누구이고, 무엇을 위한 제도인지 묻고 싶다.

　또 내가 의문이 드는 것은 국민청원은 온라인이기에 우리 국민의 반대가 맞는지도 모르겠고 낙태 반대 서명은 친필 사인으로 한줄 한줄 적어 헌법재판소에 120만 명 넘게 제출하였는데 주요 기사에 나오지 않는다는 것이다.

2019년 4월 11일 헌법재판소 앞 (낙태 찬성 기자회견)

2019년 4월 11일 판결 날, 낙태 반대 인원은 500명은 되었고 낙태 찬성 인원은 몇 명 되지도 않았다. 그것도 팀별로 잠시 사진만 찍고 가는 정도였고 마지막 판결 때만 잠깐 모였다. 그때 온 기자들은 하루 종일 있으며 다 보았을텐데... 나오는 기사들마다 우리는 초라했다.

그들은 힘있고 많아 보였고 승리의 사진들이었다. 우리는 사진에 다 담을 수 없는 수많은 사람들이 하루 종일 피켓을 들고 있었다. 그 자리에 계셨던 기자 분들 중 한 사람이라도 말씀 좀 해주시면 좋겠다. 2020년 안에 있어야 할 낙태법 개정에도 재현되는 것인가?

국민 대다수가 원한다고 여성의 자기 결정권이 존중받아야 한다고 그렇게 할 수 밖에 없는 딱한 사연들을 기사화하며 해외 사례도 여기에 맞는 기사만 편집해서 내보내고 있다. 참 아이러니한 것은 그토록 인권이 소중하다는 사람들이 앞장서며 다른 사람의 인권은 생각하지 않는다는 것이다. 내가 존중받고 싶은 만큼 다른 사람도 존중할 줄 알아야 한다. 나도 당하기 싫은 일을 다른 사람에게 강요해서는 안 된다. 한쪽 기사만을 내보내는 것은 멈춰야 한다. 객관적 사실 전달로, 적어도 국민이 선택할 수 있도록 해야 한다.

그리고 우리의 기준은 뉴스가 아닌 오직 말씀이어야 한다.

미가서 3장 8~12절

오직 나는 여호와의 영으로 말미암아 능력과 정의와 용기로 충만해져서 야곱의 허물과 이스라엘의 죄를 그들에게 보이리라

야곱 족속의 우두머리들과 이스라엘 족속의 통치자들 곧 정의를 미워하고 정직한 것을 굽게 하는 자들아 원하노니 이 말을 들을지어다

시온을 피로, 예루살렘을 죄악으로 건축하는도다

그들의 우두머리들은 뇌물을 위하여 재판하며 그들의 제사장은 삯을 위하여 교훈하며 그들의 선지자는 돈을 위하여 점을 치면서도 여호와를 의뢰하여 이르기를 여호와께서 우리 중에 계시지 아니하냐 재앙이 우리에게 임하지 아니하리라 하는도다

이러므로 너희로 말미암아 시온은 갈아엎은 밭이 되고 예루살렘은 무더기가 되고 성전의 산은 수풀의 높은 곳이 되리라

4. 생명을 택하라

2017년 대한산부인과의사회 발표에 의하면 우리나라는 하루 3,000건 이상 전 세계 낙태율 1위를 기록하고 있다.

낙태죄가 있는데도 이 정도면 내년부터는 얼마나 많이 증가할까? 실제로 영국은 낙태죄 폐지 후 낙태율이 1,000% 늘어났다.

대부분의 국민들은 생명을 중요시하는 것에 동의할 테고 너무 당연하다 생각한 것은 외치지 않았을 뿐이다. 뉴스에서 국민 대다수의 의견이라고 내놓는 통계는 법을 통과하려는 사람들의 거짓말이다. 그 거짓에 진실을 말하는 거조차 무력화시키고 빠른 속도로 법을 통과시키고 있다.

이대로 가다가는 특별히 청소년 아이들의 피해가 너무나도 크다. 학교에선 학생인권조례로 임신한 학생들의 학습권에 차별을 두지 말자고 하고, 자기 몸은 자기가 결정할 권리가 있다며 성적 자기 결정권을 가르치고 있다. 어른들이 알려 주는 대로 그대로 믿는 아이들에게 더 이상 나쁜 짓은 멈추길 바란다.

<미국 가족계획연맹(낙태기관)의 최우수 직원 애비 존슨>

그녀는 교육받은 대로 낙태 상담을 하다가 하루는 수술실에 직접 들어가 보고 자신이 속았다는 것을 알게 되었다. 2009년 그녀는 세상에 이 사실을 알리고 수많은 협박과 고소를 당하고 재판을 받았다. 하지만 10년 후 2019년 미국은 현재 11개 주가 낙태금지법(태아심장박동법)에 사인하고 있다.

한 사람의 힘이다!!!

실제 법정 증언 장면

아무리 성공적이라 해도 낙태는 절대 안전할 수 없습니다.
기관 안에서 아기는 금지된 단어입니다.
낙태된 아기 시신을 임신 부산물이라고 불러요.

애비존슨의 실화를 다룬 영화 <언플랜드>

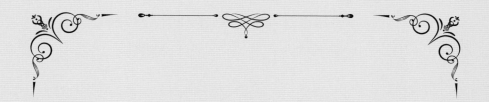

2장

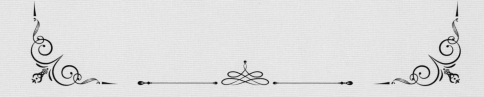

1. 태아생명살리기 동영상 제작 인터뷰

한 생명을 탄생시킨다는 것.
그것 때문에 지금 인류가 존속되어져 오는 것 아니겠습니까?
그런 대단한 일을 여성분들이 하는 겁니다.

5주에서 이틀이나 삼 일 정도가 되면 초음파상에서 아기의 심장박동이 확인됩니다. 태아(배아)는 분명히 엄마 몸 속에서 자궁 속에서 자라고는 있지만 엄마와는 별개의 존재입니다. DNA도 다르고 성별도 다르고 심장 뛰는 소리도 속도도 다 다릅니다.

낙태 수술하는 것은 엄마와 다른 한 생명을 없애는 살인 행위라고 말할 수 있겠습니다. 기구나 날카로운 주걱 같은 것을 이용해서, 그러니까 굉장히 처참하죠. 그런 인공적이고 무리한 수술을 받는 여성의 몸은 괜찮겠느냐? 산모의 몸은 손상당하고 그로 인해 2차적으로 감염이 되어서 염증이 퍼진다든지 반드시 문제가 생깁니다!!
낙태수술은 결코 단순한 수술이 아닙니다!!

홍순철
고려대학교 의대
산부인과 교수

뱃속의 아기의 모습을 실제로

뱃 속의 아기의 모습을 실제로 인쇄한 겁니다.

입체 초음파로 영상을 얻고 3D프린트 기법으로 인쇄를 한 거죠.

12주 정도의 아기의 모습입니다. 뱃 속의 아기는 이렇게 사람의 모습과 같습니다. 팔다리도 있고 손가락 발가락 얼굴 모양 심장 등 우리의 해부학적 기관인 뇌를 포함해서 다 갖고 있습니다.

이때부터는 주로 크기 성장이 이루어집니다.

뱃 속의 아기는 10주부터는 하품도 하고 운동 신경이 발달합니다. 운동 신경이 발달한다는 것은 감각 기관도 같이 발달한다는 것입니다. 뱃 속의 아기가 통증을 표현하지 못한다고 해서 통증을 못 느끼는 것은 아닙니다.

〈언플랜드〉라는 영화에서 상담 과정을 보면서 제가 놀랐던 장면의 하나는 상담사가 뱃 속의 아기는 통증을 못 느끼니까 엄마 아빠는 죄책감을 느끼지 않으셔도 된다고 상담하는걸 보고 전문가로서 놀란 바가 있습니다.

우리가 소수 그리고 소외받는 사람에 대한 그들의 권리에 대해서 많은 사회적인 논쟁과 그들의 권리를 보호하기 위한 노력들이 있습니다. 흑인에 대한 노예제도 철폐 당시에 그런 논쟁이 있었고 소외된 여성의 권리에 대한 논쟁이 있었습니다.

다만 우리가 자신의 의사 표현 능력이 없는 배 속의 태아에 관심을 가지고 그들과 함께 하는 사람들이 필요하다는 생각을 갖습니다.

잠언 31장 8절

너는 말 못하는 자와 모든 고독한 자의 송사를 위하여 입을열지니라
"Speak up for those who cannot speak for themselves,
for the rights of all who are destitute."

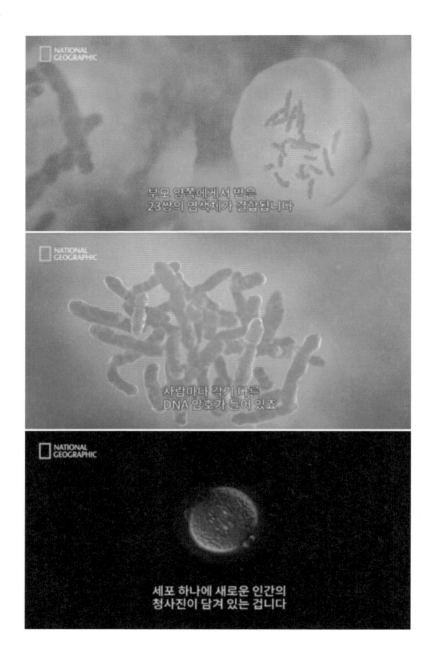

<임신 6주>

아이의 심장이 점점 커져서 우심실과 좌심실로 나누어지고 있습니다. 흥미로운 사실은 태아의 조그만 심장이 뛰면서 분당 100~130회에 걸쳐 온 몸에 혈액을 뿜어내고 있다는 거죠. 이 시기의 태아는 지름 4~5mm의 작은 콩만 한 크기입니다. 태아의 신체 기관을 구성하게 될 세포들은 급격한 속도로 분화되고 있습니다. 몸에 비해서 머리 사이즈가 크긴 하지만 얼굴의 윤곽이 점점 뚜렷해지기 시작합니다. 나중에 눈이 될 부분은 어둡게 보이고 콧구멍이 될 부분에도 구멍 자리가 보입니다. 머리 양쪽에 푹 파인 부분은 태아의 귀가 될 부분이며, 팔과 손은 새싹처럼 보입니다. 태아의 손과 발은 현재 물갈퀴처럼 보이지만 곧 손가락과 발가락의 모습이 뚜렷해질 것입니다. 나중에 입이 될 구멍 아래쪽의 접혀 있는 부분은 나중에 태아의 목과 턱이 됩니다. 그 안쪽으로 혀와 성대도 이제 막 형성되기 시작하고 있습니다.

아직 아기의 심장 박동 소리를 들을 수는 없지만 아기의 심장은 엄마의 두 배 속도인 1분에 150번 정도로 뛰고 있습니다. 심장은 좌심실, 좌심방, 우심실, 우심방으로 나뉘어져 있습니다. 내장 기관도 이제 막 생겨나기 시작했으며 이번 주 중반으로 들어서면서 근섬유가 형성되고 작은 팔다리들을 움직이게 된답니다.

2. 교회여 일어나라

기독교 자체가 불법인 세상이 오고 있다. 말씀이 불법이 되는 세상이 오고 있다. 교회가 전염병을 확산시키는 고위험군으로 관리 대상이 되었다. 그런데도 교회가 너무나 조용하다.

오히려 가장 먼저 모범되게 협조했다. 코로나 때문에 잠시 그러는 거라고 괜찮아질 거라고 한다. 나도 진정으로 코로나 바이러스에서 우리나라가 안전해지길 바란다. 확진자가 되면 가족과도 격리되고 치료해 줄 수도 없으니 너무나 마음이 아프다. 하지만 코로나는 없어지지 않을 것이다. 코로나가 진정되면 다른 것이 올 것이다. 그것에 대한 대비를 교회와 성도들은 해나가야 한다.

예전으로 돌아가지 않을 것을 각오하고 우리가 다짐해야 할 것들을 생각해 본다. 우리가 원하든 원하지 않든, 인정하든 인정하지 않든 세상의 모든 것들은 말씀대로 되어가고 있다.
무화과나무를 보고 시기를 알라고 하셨다.

마태복음 24장 32,33절
무화과나무의 비유를 배우라 그 가지가 연하여지고 잎사귀를 내면 여름이 가까운 줄을 아나니 이와 같이 너희도 이 모든 일을 보거든 인자가 가까이 곧 문 앞에 이른 줄 알라

46

누가복음 21장 11절
곳곳에 큰 지진과 기근과 전염병이 있겠고 또 무서운 일과 하늘로부터
큰 징조들이 있으리라

<주님이 다시오실 날의 타이머가 풀린 것 같다>

처음 코로나가 생겼을 때 모든 원인을 신천지교회의 잘못으로 돌리고 매일같이 뉴스의 메인 기사로 실었다. 구속시키고 어마어마한 치료비를 청구했다. 그러더니 일반 교회로 확대되었다.

확진자가 한 명만 나와도 교회 이름이 기사로 나왔다. 전국 교인 중 몇 명 확진자가 나왔을 때 모든 교회의 문을 닫을 것을 권고했고 많은 곳이 따라갔다. 그럼에도 불구하고 확진자가 나오면 교회에게 치료비를 청구하겠다는 입법 시도까지 했다!!!

기다렸다는 듯이 시나리오대로 빠르게 진행되었다. 생각해 보라 우리나라에 교인이 얼마나 많은데 교인이 확진자가 되면 교회가 집단감염지라고 기사를 내는가? 교회에서만 하는 특정한 행동이 있는가? 1주일에 한 시간 정도만 있는 교회가 왜 집단감염지인지 궁금하다. 교인이 아닌 다른 사람이 확진 받으면 모든 동선을 공개하며 다녀간 모든 장소에 가능성을 두면서 말이다.

집에 불이 나면 서둘러 꺼야 한다. 내가 할 수 없으면 소리를 질러 구해줄 다른 사람을 요청하고 아니면 빨리 도망가야 한다.

요즘 나는 배가 가라앉자 모두 죽게 생겼는데 가만있으라고 방송하는 사람을 지켜보는 기분이다.

<낙태법개정 차별금지법 교회 탄압>

교회 자체를 불법으로 만드는 일을 신속하게 진행하고 있는데도 교회가 너무나 조용하다. 많은 프로그램과 일정으로 우리는 교회를 지키고 있다고 한다. 남의 일인 것처럼 기도해 주겠다고 한다. 교회와 성경 자체를 불법으로 만들 수 있는 법이 세워지면 모두가 대가를 치러야 하는데도 말이다. 이대로 가다가는 그토록 소중하게 생각하는 교회를 버리고 맨몸으로 나와야 한다는 것을 모르는 것 같다.

공의로우신 하나님은 공의로운 곳에서 역사하신다. 기도 제목을 알고 있는 것이 깨어있는 것이 아니다. 새로 나온 뉴스를 먼저 알고 있다고 앞서가는 것도 아니다. 내 삶의 영역에서 공의를 선포하며 순종할 때 주님은 지금도 말씀하시고 기적을 보여주신다. 어차피 세상은 그렇게 가더라도 그걸 돕는 곳이 교회가 되지 않길 바란다. 북한 성도의 믿음은 귀하지만 우리도 북한처럼 되자는 악법에 대해 침묵해서는 안 되는 것과 같다. 이렇게 말씀을 말하는 것이 내가 사는 길이고 나의 자녀, 다음 세대를 살리는 일이다. 민수기 17장에 나오는 아론의 싹난 지팡이가 우리 교회가 우리나라가 되길 간절히 기도한다.

교회여 일어나라 !! 주께서 부르신다!

민수기 17장 5~8절

내가 택한 자의 지팡이에는 싹이 나리니 이것으로 이스라엘 자손이 너희
에게 대하여 원망하는 말을 내 앞에서 그치게 하리라
모세가 이스라엘 자손에게 말하매 그들의 지휘관들이 각 지파대로 지팡
이 하나씩을 그에게 주었으니 그 지팡이가 모두 열둘이라 그중에 아론의
지팡이가 있었더라
모세가 그 지팡이들을 증거의 장막 안 여호와 앞에 두었더라
이튿날 모세가 증거의 장막에 들어가 본즉 레위 집을 위하여 낸 아론의
지팡이에 움이 돋고 순이 나고 꽃이 피어서 살구 열매가 열렸더라

3. 우리 교회에는 낙태가 없기를

"낙태를 하면 한명은 반드시 죽고
한명은 반드시 다친다"

평생 낙태 반대 활동을 하신 김현철 목사님을 만나 뵈었다. 이런 사역을 아무도 하지 않을 때 평생을 더구나 남자 목사님이 이런 일을 하셨다는 것이 놀라웠다. 알고 보니 사무실이 우리 집 바로 앞에 있는 것도 신기했다. 나 역시 이런 기도 제목과 활동을 들으면 딴 세상 얘기를 듣는 듯한 마음이었고 이런 일은 정말 훌륭하신 분들이나 하는 것이라 생각했었다. 목사님은 신학생 때부터 주님이 낙태 반대에 콜링을 하셨다고 하셨다. 다들 조금 하다가 그만두게 되는데 어떻게 이런 일을 하게 되었냐고 오히려 나를 신기해하셨다. 세상의 법은 갈 방향이 정해져 있다고 생각대로 되지 않는다고 실망할 필요도 없다고 하셨다. 하지만 교회 안에 있는 사람들은 낙태를 하지 않도록 하는 것이 우리의 임무라고 하셨다. 그래서 내가 평생 목회하는 동안 우리 교회는 낙태한 사람이 한 명도 없다고 하셨다

난 바로 이거라는 생각이 들었다!!!

세상은 어차피 말씀과 반대로 가려고 하고 있다. 줄다리기가 이미 시작된 것이다. 하지만 크리스천은 하나님의 법대로 살고자 다짐한 사람들이다. 교회 안에서조차 말씀 외에 다른 사상이 선포되어서는 안 된다. 우리는 소리내어 외쳐야 한다. 성경에 여러 가지 죄가 나오지만 이것만큼은 지키라고 하나님의 손으로 친히 돌판에 써주신 것이 십계명이다.

신명기 4장 13절
여호와께서 그의 언약을 너희에게 선포하시고 너희에게 지키라 명령하
셨으니 곧 십계명이며 두 돌판에 친히 쓰신 것이라

낙태는 엄연한 살인이다. 살인하지 말라는 십계명에 정면 도전하는 법 개정에 교회가 이토록 조용한 이유가 이해가 되질 않는다. 십계명이 무너지는 법이 우리나라에 세워지는 것에 대해 애통함이 없을까? 이렇게 법이 통과되어 버리면 학교에서 하루 종일 교육받는 아이들에게 주일 한 시간 동안 어떤 말씀을 가르칠 수 있을지. 낙태죄가 있었던 67년 동안 교회에서 설교를 들을 수가 없었다. 하지만 이번 기회에 말씀으로 돌아가는 터닝 포인트가 되길 기도한다.

또 세상은 그렇게 법을 만들 거야. 낙담하지도 말고 우리는 생명이신 말씀을 외쳐 어른들이 말하는 대로 믿는 아이들에게 기사를 그대로 믿어버리는 세상을 향해 담대히 외치길, 그래서 생명의 소리를 듣고 세상에서도 구원받고 영원히 사는 자의 복을 누리길 기도한다.

하나님은 우리를 하나님의 형상대로 지으셨다. 우릴 너무나 사랑하셔서 자신의 형상대로 지으셨다. 그래서 아버지와 자녀가 되게 하셨다. 우리는 자녀로 이 땅에 태어났고 또 자녀를 낳아 기르고 있다. 나를 닮은 자녀를 기르고 있다.

복음은 생명이다.

생명을 살리는 것이 바로 복음이다.

생명 살리는 것이 바로 전도고 선교이다.

생명이 생명을 낳았다.

생명이 퍼져나가길 기도한다.

복음이 퍼져나가길 기도한다.

말씀이 열방을 덮는 그날을 고대한다.

교회마다 "우리 교회는 낙태한 사람이 없어요!!!"라고 하길 기도한다. 교회가 baby keeper가 되어주길 기도한다.

제작하여 거리에서 나눠주다

4. 낙태 최대 피해자는 여자

죄란 단어에 거부감이 생겨나는 요즘 죄라는 개념 자체가 무너지고 있다. 누가 누구에게 죄라고 한단 말인가? 그리고 그럴 자격이 있나? 나의 권리를 찾고 나의 마음 가는 대로 하고 나의 성적 자기결정권까지 그건 개인을 존중하는 거지 그 누구도 차별하면 안 된다는 논리로 하나씩 무너져 가고 있다.

죄라는 개념을 없애고 법을 바꾸면 과연 인간은 행복해질까? 나는 절대 그렇지가 않다고 생각한다. 사람은 내 맘대로 한다고 행복하지 않다. 그것은 가족 학교 사회 모든 것이 연결되어 영향을 받기 때문이다.

죄가 무너지면 무엇보다 생명윤리가 무너진다. 우리의 근간을 흔들어 놓는 것이다. 수많은 이슈가 있지만 낙태는 생명을 없애는 것이다. 낙태를 했던 분은 더욱 소리높여 반대하고 있다.

예전의 죄를 묻는 것이 아니다. 얼마나 안 좋은지 어떤 영향을 주는지 너무나 잘 알기 때문이다.

법이 통과되면 청소년과 20대부터 성 윤리가 무너질 것이다.

나만 안 하면 되지 할 수 있는 문제가 아닌 것이다. 나의 가족 중 누군가는 청소년이다. 그 아이들은 어른이 가르쳐 주는 대로 배운다. 옳고 그름의 기준은 어른들이 준다. 남자들은 오히려 당당하게 낙태를 권유할 것이고 그게 합법이 되는 것이다.

여자를 위한 법이라고 하지만 최대 피해자는 여자가 되는 것이다. 우린 속지 말아야 한다. 아무리 그럴듯한 말로 포장을 하여도 생명 앞에서는 삶과 죽음의 길 두 가지뿐이다.

여호와께서 말씀하시기를
보라 내가 너희 앞에 생명의 길과 사망의 길을 두었노라
너는 이 백성에게 전하라 하셨느니라

(예레미야21:8)

5. 코로나 대처하듯 태아도 존중하길

2020년 2월부터 시작된 코로나 확산 방지를 위한 정책으로 교회 문을 닫으라고 "권고" 하여 많은 교회들이 몇 달 동안 문을 닫고 예전처럼 늘 하던 예배임에도 현장 예배 강행이란 뉴스를 내보내, 무슨 불법을 저지르는 것 같이 보여졌다. 그러다가도 교회 아닌 곳에 가면 너무나 자유로운 분위기였다.

교회가 6개월 동안 정부 방역지침에 어느 곳보다 잘 따랐지만 8월 19일부터는 수도권 모든 교회 문을 닫으라고 했다.

"그래, 2주만 참자." 했었는데 갑자기 문자를 보내 대한민국이 거의 정지되고 있다. 지하철 백화점에는 너무나 많은 사람들로 붐비는 것을 보면 몇 명도 모이지 말라는 정부 지침이 무색하여 내가 이상한 것인가 세상이 이상한 건가 하는 생각까지 든다.

교회 다니는 사람이 코로나에 걸리면 교회에서 걸렸다는 증거가 있는지? 코로나 확진자 숫자가 정치 스케줄에 따라 왔다갔다 하는 것도 신기하다.

다른 바이러스 전염병에도 이렇게 대처했는가?

우리나라는 코로나로 인한 사망자가 다른 나라에 비해 적지만 많은 사망자가 생기고 있는 미국의 정확한 통계를 찾게 되어 예를 든다.

2020년 1월부터 3월까지의 미국 사망자 통계는 (3개월)

△낙태 1040만 2251명   △전염병 317만 7081명

△암 200만 9990명   △흡연 122만 3439명

△알코올 61만 2105명   △에이즈 41만 1415명

△교통사고 33만 367명   △자살 26만 2441명 등이다.

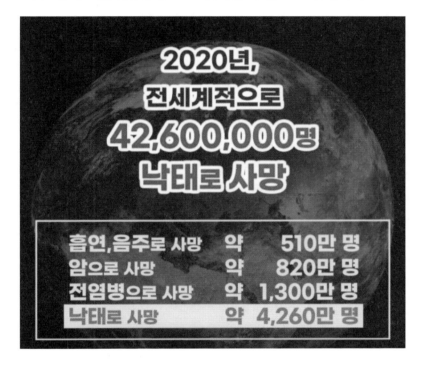

우리나라 역시 사망 원인 1위가 낙태다. 법무부는 8월 12일 정부 입법으로 낙태죄 완전 폐지(임신주수와 상관없는 낙태)를 뉴스로 내 보내며 9월에 입법을 하겠다고 한다.

국회도 임시 폐쇄되었다. 그러면서도 만들고 있는 것이 낙태법이다.

교회를 몇 주 동안 전부 문닫게 하고 만들고 있는 것이 바로 낙태법이다. 교회의 기도가 그만큼 중요하다는 뜻이기도 하다. 여성단체에서 원한다고 하며 기사를 내보내고 있지만 반대하는 여성단체가 훨씬 많다. 다만 기사에 실어주지 않을 뿐이다.

우리는 권력이 없고 그들은 권력이 있을 뿐이다. 뉴스에서는 그래도 양쪽 입장은 다 내보내야 하지 않을까?

민법

제3조(권리능력의 존속기간) 사람은 생존한 동안 권리와 의무의 주체가 된다.

제762조(손해배상청구권에 있어서의 태아의 지위) 태아는 손해배상의 청구권에 관하여는 이미 출생한 것으로 본다.

제858조(포태중인 자의 인지) 부는 포태 중에 있는 자에 대하여도 이를 인지할 수 있다.

제1000조(상속의 순위)
③태아는 상속순위에 관하여는 이미 출생한 것으로 본다.

제1064조(유언과 태아, 상속결격자) 제1000조제3항, 제1004조의 규정은 수증자에 준용한다.

태아도 상속권이 있다. 그렇다면 생명을 인정한다는 뜻이 아닌가? 수정된 순간부터 성별을 갖고 있다. 엄마와 다른 인격체이다. 눈에 보이지 않는다고 크기가 작다고 살아있지 않은 것이 아니다. 요즘엔 초음파로 점점 더 확실하게 볼 수 있다.

하루에도 몇 번씩 안전 문자를 보내며 국민의 안전과 생명을 생각해 줘서 감사하다. 국민의 생명이 가장 중요하다고 한다. 만약 방해하는 사람이 있다면 처벌하고 어마어마한 벌금을 내라고 한다. 코로나 대처하듯 낙태법에도 생명을 존중해 주길 바란다. 오늘도 한마디 말도 못 하고 이 세상에서 없어지는 태아들이 자기도 그렇게 카운트되길 간절히 바라고 있을 것이다.

시편 58장 1절
통치자들아 너희가 정의를 말해야 하거늘 어찌 잠잠하냐
인자들아 너희가 올바르게 판결해야 하거늘 어찌 잠잠하냐

6. 우리 아이들이 낙태약을 검색하고 있다

베네수엘라 임산부 교복

2019년 4월, 낙태죄 폐지에 대한 판결 날. 대부분의 어른들은 무관심했을 때 10대 아이들 검색어는 1위였다. 왜 아이들이 낙태에 대해 이토록 관심이 많을까?

임신 중지 실태 조사에 의하면 청소년이 임신한 경우 38% 낙태를 하고 있다는 수치가 나왔다. 더구나 위험한 수술을 당당하게 가서 할 수도 없으니 인터넷으로 낙태약을 그토록 많이 검색하고 있는 것이다. 그렇게 쉽게 구할 수 있는 약조차 가짜 약이라고 하니 부작용이 심히 우려된다.

중요한 것은 국내에선 명백한 불법 약물이라는 것. 또한 국내 유통되고 있는 미프진(낙태약)은 거의 다 가짜이다. 복용 시에 큰 후유증을 유발하는 가짜 미프진의 경우 대부분 중국, 인도에서 만들어진다. 여기서 말하는 후유증이란 가짜 미프진의 종류에 따라 다르겠지만 보통 지속적인 하혈증상과 복통 및 전신통증과 두통, 어지럼증, 설사 일상생활을 하는 데 큰 지장을 준다.

학교에서는 성적 자기 결정권이라는 이름으로 청소년도 성을 즐길 권리가 있다고 가르쳐 온 지 오래이다. 그리고 임신을 예방한다며 피임 교육까지 받고 있다.

어른들도 경악할 만한 교과서와 추천 도서들. 학부모들은 모를 수도 있지만 현장에 있는 출판사와 선생님들은 어떻게 아무렇지도 않게 지금까지 아이들에게 가르칠 수 있을까? 베네수엘라처럼 임산부 교복을 파는 날이 우리나라에도 오는 것일까?

요즘 아이들은 모든 것을 인터넷 검색에 의존한다. 행동을 하기 전에 댓글 하나가 괜찮다고 하면 그렇게 믿는 것이 우리 아이들이다. 예전에 없던 스마트폰이 일반화되면서 유튜브가 없는 휴대폰을 선택할 기회도 주지 않는 정책도 이해 할 수가 없다. 그러면서 교육 정책에 대해 토론을 하고 예산을 책정하고 있으니 소 잃고 외양간 고치겠다는 정책이다. 그로 인해 갈수록 어려지는 음란물 접촉과 빈도에 대해 심히 우려하고 있다.

아무리 텔레비전을 없앤다고 해도 스마트폰으로 손쉽게 접할 수 있다. 특히 코로나로 인해 원격 수업을 한다고 구글 유튜브 아이디와 비밀번호까지 만들어 아이들 손에 쥐어 주고 있다. 전화기를 안 줄 수도 없고 시한 폭탄을 손에 쥐어 주는 엄마의 심정을 알까? 부디 좋은 곳에만 사용하길 바라고 기도한다. 한 조사에 따르면 성관계 경험이 있는 아이들을 조사해 보니 시작 나이가 초등학생이라고 하니 믿어지는가? 우리 눈에는 아이로만 보이는 아이들, 나쁜 어른들로 인해 아이들의 몸과 영혼이 병들고 있다.

모든 것을 떠나서라도 내 몸에 안 좋으니 안 해야 한다는 생각조차 희미해져 가고 있다.

오히려 요즘 학교 교육은 그렇게 살지 말라고 세뇌 교육을 하고 있는 것 같다. 중학생 2명을 둔 엄마로서 이런 성교육을 받는다면 다른 어떤 것을 잘한다고 해도 아이의 인생은 불행해질 것이 뻔하다는 걸 안다. 솔로몬의 재판이 생각난다. 〈진짜 엄마와 가짜 엄마〉 내가 오해를 받더라도 아이에게 좋은 길을 택하고 외치는 진짜 엄마가 많이 생기길 기도한다.

예레미야애가 2장 18~19절

도성 시온의 성벽아, 큰소리로 주께 부르짖어라
밤낮으로 눈물을 강물처럼 흘려라. 쉬지 말고 울부짖어라
네 눈에서 눈물이 그치게 하지 말아라
온밤 내내 시간을 알릴 때마다 일어나 부르짖어라
물을 쏟아 놓듯, 주님 앞에 네 마음을 쏟아 놓아라
거리 어귀어귀에서, 굶주려 쓰러진 네 아이들을 살려 달라고,
그분에게 손을 들어 빌어라

7. 크레도 법률 잡지 기사 (2020. 10월호)

　우리나라 낙태죄 폐지 움직임은 2017년부터 시작되었다. 2017년 2월 한 산부인과 의사가 낙태죄가 헌법에 맞지 않는다며 헌법재판소에 헌법소원을 내며 시작되었다. 동의하는 23만 명의 국민청원이 있었고 청와대는 이에 대해 답변을 해야 한다며 당시 조국 민정수석은 낙태라는 단어도 부정적이라며 이미 낙태죄 폐지 쪽으로 흘러갔다. 뉴스 기사도 이번에는 통과될 것 같다고 특히 여성단체들이 원하고 있다고 기사가 나왔다. 반대 의견을 내기에는 처음부터 너무나 불가능해 보였다. 하지만 반대 의견도 있다는 것을 알리려고 서명을 받았다. 한 명씩 서명한 120만 명 서명지를 헌법재판소에 제출했지만 주요 뉴스에는 나오지는 않았다. 기사에는 일부 보수 기독교의 반대로만 나왔다.

2019년 4월 11일 낙태죄 헌법불일치 판결, 그리고 2020년 12월 31일까지 유예기간을 주었다. 재판관 한 명 차이로 유예기간을 갖게 된 것은 하늘이 주신 기회라고 생각한다. 아직 낙태죄 폐지가 된 것은 아닌데 우리를 체념하게 만드는 상황이 안타까웠다. 그래서 내가 할 수 있는 일을 찾아보았다. 매일 기도하며 사람들에게 알리는 글을 쓰고 영상을 만들고 캠페인을 하는 것이었다.

2018년 5월부터 낙태 반대 1인 시위를 지금까지 이어오신 분이 계시다. 헌법재판소 앞에서 지금은 국회 앞에서 매일 11~1시 생명을 살려달라고 외치고 계시다. 강순원 목사님 이런 분들이 있기에 우리나라가 지켜지는 것 같다. 1인 시위를 하다가 사람들이 모여 이제 40회를 맞고 있는 태아생명살리기 위드유 캠페인. 원주 평택 파주 김포 멀리서도 와 주시는 분들이 있어 감동을 준다. 2시간 동안 피켓을 들고 말없이 우리는 기도한다. 태아들이 우리들의 목소리를 대신해 줘서 고맙다고 하는 것 같다. 우리는 법을 만들 수 있는 위치도 아니지만 우리가 할 수 있는 작은 행동을 하고 있다. 피켓을 들고 있으면 집에서는 느낄 수 없었던 새로운 감동을 주시고 새로운 것을 보게 하시고 새로운 행동을 할 아이디어가 생겼다. 언젠가 당신이 들었던 피켓을 보고 마음을 바꾸어 생명을 살렸다는 이야기를 듣게 된다면 정말 행복할 것이다.

낙태 반대 활동을 하며 받게 되는 오해들을 적어본다. 우리는 생명

보다 인권이 높아진 시대에 살고 있다. 그래서 누군가 죄라고 하는 것에 대한 거부감이 큰 것 같다. 더구나 여성에게만 낙태죄가 해당되는 것은 정말 기분 나쁜 일이다. 더구나 산모는 아이를 낳고 싶어도 포기할 수밖에 없는 여성들에 대해 나 역시 깊은 안타까움을 느낀다. 하지만 법이 바뀌는 것은 진짜로 여성에게 안 좋은 길이 열리는 것이다. 법이 통과되면 자기 결정권을 갖게 되어 큰 해방감을 느낄 것 같지만 그것은 거짓이다.

나도 여자이지만 여자라는 이유로 무시받고 차별받고 싶지 않다. 여성을 위하는 법이 있다면 나도 찬성하고 싶다. 하지만 실상은 여자에게 가장 안 좋은 법이다. 지금까지는 그래도 낙태죄라는 안전장치(?)가 있어서 남자든 여자든 심각하게 고민하게 되지만 몇 달 안에 대체 법안이 만들어지지 않아 낙태죄가 사라지면 남자는 더 당당하게 낙태를 요구하고 여자는 더 어려운 상황 속으로 내몰리게 될 것이다.

또 낙태를 할 수밖에 없는 특수한 경우(성폭행, 산모 건강 등)를 위해 법이 통과되어야 한다는 사람들이 의외로 많았다. 하지만 50년 전부터 모자보건법으로 이미 보장하고 있다. 그래서 반대한다고 하면 인정 없는 사람들로 묘사되고 있다. 하지만 이 활동을 하시는 분들은 미혼모 사역 베이비박스 상담 사역 등을 함께하시는 분들이 많다. 진정 그들을 돕고 싶어 삶으로 살아내시는 분들이다.

낙태를 반대하는 이유는? 간단하다. 여자 몸에 좋지 않기 때문이다.

내 몸인데 내 마음이라고? 맞다. 하지만 그 이유 때문에 법적으로 낙태 허용 국가가 되게 하는 것은 차원이 다른 문제이다. 국민 모두가 지켜야 하는 법을 바꾸는 것은 우리가 생각지도 못하는 상황에 내몰릴 수 있다. 법이 있다는 것은 우리를 지켜주는 안전장치와 같다. 우리가 법으로 알고 있는 것은 좋든 싫든 대부분의 사람들이 지키려고 한다. 때로는 불편하고 실정에 안 맞아 불편해 보이기도 하지만 우리에게 보편적 상식이라는 것을 만들어 내어 우리를 보호하고 있다. 죄의 유무를 제시해 주는 것 또한 법의 역할이다. 이것이 무너지면 우리가 생각지도 못한 문제와 상황 속에 노출되게 된다.

낙태법 또한 마찬가지다. 낙태죄가 없어지면 의사들의 수술거부권리법, 의료보험적용법, 국가낙태시술소운영법 등 새로 만들어야 할 법들이 생겨난다.

법이 생겨나면 그걸 지키기 위한 세금 책정도 다시 필요하다. 법 하나가 없어지면 새롭게 수십 가지 법을 만들어야 하는 상황이 되는 것이다. 지금은 예측하지도 못한 부작용들도 생겨날 것이다. 특별히 청소년들에 대해 염려가 크다. 낙태약에 대한 사용 허용도 현재로선 제재 방법이 없을 듯하다.

지난 8월 12일 법무부는 정부 입법으로 임신 주수와 관계없는 낙태죄 전면폐지를 암시하는 기사를 냈다. 또한 정의당에서 준비하고 있는 법 또한 사회적 경제적 이유를 모자보건법 낙태 허용 범위에 추가하려고 한다. 사회적 경제적 이유는 너무나 개인적인 기준이 된다.

진짜 사회적 경제적 이유가 있을 때 우리나라는 생존하려 노력했다.

전 세계 어떤 나라든 어떤 시대를 막론하고 생명은 가장 귀한 보편적 가치이다. 생명은 어떤 것과도 비교 대상이 될 수 없는 것이다. 목숨을 잃으면 모든 것을 잃는 것이다. 생명을 중요시하지 않고는 나라도 존재할 수 없는 것이다. 우리나라는 일본에게 나라를 빼앗겨 가능성이 전혀 없는 상황에서도 나라를 찾았고 6.25 전쟁으로 폐허가 되었어도 이렇게 잘사는 나라가 되었다. 우리나라 역사상 70년 동안 전쟁이 없었던 적은 이번이 처음이라고 한다. 그런 시간에도 지켜내었던 대한민국이 낙태법 연명의료결정법 안락사법 시도 등으로 사라지려고 한다.

법은 국민을 위해 존재하는데 국민이 사라지고 있는 것이다. 경쟁과 발전 속에 생겨난 물질문명의 이기심으로 인하여 대한민국은 병들어 가고 있다. 나에게 손해인 것 같으면 생명도 선택하고 없앨 수도 있다는 논리가 퍼져나가고 있다. 생명 경시를 조장하는 교육과 정책 또 우리의 이기주의를 버리지 않는다면 아무리 출산장려금 교육비 지원 어린이집을 좋게 짓고 교육정책을 바꾼다고 해도 우리나라 인구는 감소할 것이다.

생명 운동을 하며 감사한 것은 우선 내가 건강해졌다는 것이다. 생명 살리는 이야기를 하니 내게 생기가 불어오는 것 같다. 아무리 좋은 말과 포장을 하여도 생명 앞에서는 삶과 죽음의 길 두 가지뿐인 것을 알게 되었다.

두 자녀를 둔 엄마로서 우리 가정만을 위해 살수도 있지만 아이들을 위해 가장 좋은 선물은 내가 누렸던 좋은 나라를 물려주는 것이라 생각한다. 그래서 오늘도 글을 쓰고 사람들에게 알리고 있다.

세상이 주는 메시지가 하루 종일 쏟아지는 곳에서 사는 아이들이 우리 엄마가 했던 것을 기억하며 삶으로 배우길 바란다. 그래서 살면서 어려울 때 생명을 택하고 가는 곳마다 빛이 되는 삶이 되길 바란다.

2020년 몇 달 남지 않은 이때에 생명 존중하는 낙태법에 많은 사람들이 관심을 가져주길 간절히 기도한다.

그래서 내가 살고 가정이 살아나 우리나라가 살아나길 바란다 .

베이비박스의 이종락 목사님 영화 Drop Box

8. 복음 기도 신문 인터뷰

　낙태 반대 운동을 하면서 계속 해킹 공격도 받았다고 했다. 활동한 기간 사진들만 삭제되었다. 가입한 여러 인터넷 사이트에도 해커가 침입했다. 신상정보가 모두 털린 것이었다. "우연의 일치인지는 모르지만 활동하는 게 위축되긴 하죠. 그런 것들을 누구보다 싫어하는 사람인데… 하지만 주님이 말씀하셨다면 책임지시는 분이라는 믿음을 주세요. 주님이 부르셨으니 저를 어떤 위협 속에서도 책임지실 거예요. 그렇게 앞으로도 계속 나가라는 마음을 주세요."

- 하나님만을 믿고 나가는 걸음이네요. 어떻게 활동해 오셨어요?

"처음에 부르심을 받고 '그럼 내가 뭘 해야 되지?' 생각하면서 인터넷 검색을 했어요. 이미 낙태죄 폐지 반대 서명을 받고 있는 분이 계셨어요. 연락처가 있어서 제가 도와드리고 싶은데 어떻게 도와드리면 되냐고 물었어요. 그분은 반대 서명을 한 장, 한 장 받고 계셨어요. 그렇게 7,000명에게 서명을 받으셨더군요. 그런데 그때 낙태죄가 폐지되어야 한다는 기사만 쏟아지던 상황이었어요. 그때, 교회 단체 서명을 받는 길밖에 없다고 생각했어요. 시간이 없으니까요. 전에도 동성결혼 합법화 반대 서명을 교회에서 받아본 적이 있었죠. 그렇게 낙태죄 폐지 반대 서명을 교회에서 받기 시작했어요 목사님들께 이메일을 보내고 찾아가고 전화했어요."

- 결과는 어땠나요?

"그때가 3월 초였는데, 2주 만에 12만 명이 서명했어요. 이것이 기회가 돼서 기자회견을 할 수 있게 됐어요. 당시는 낙태를 반대하는 기사가 없었어요. 한 명이라도 더 알리는 것이 필요하다고 생각했어요. 무조건 반대한다고 하면 누가 기사를 써주겠어요. 서명 덕분에 기회가 찾아왔던 것이죠. 예전처럼 국민대회가 있어야겠더라고요. 그래서 광화문에서 3월 30일에 국민대회도 열고 기사도 나가고 그렇게 서명이 쌓이기 시작했어요.

그러는 동안 계속 이 분야에 대한 기사를 찾아봤어요. 2018년에 가톨릭에서 낙태 반대 100만 명 서명을 제출한 적이 있더군요. 우리 측에서도 거의 20만 명이 채워져 가고 있었고 몇몇 교회에서 보내주

기로 한 서명 수가 있어서 보도자료를 냈어요.

'낙태 반대 120만 명 기자회견'

그런데 기자회견 전날 밤에 세어 보니 숫자가 2만 명이 모자라는 거예요. 제목을 바꿀 수도 없고 아쉽게 기자회견이 시작되었어요. 그런데 온라인 서명이 빠졌다고 연락이 왔어요. 그것이 딱 2만 명이 넘는 숫자였어요 너무 감사해서 울었어요. 주님을 믿고 나아가는 자에게는 수치를 당하게 하지 않으리라는 말씀이 떠올랐어요."

- 기자회견을 직접 하신 게 아닌가요?

"기자회견은 친구가 맡았고 저는 보이지 않게 일했어요. 그때까지만 하더라도 남편은 정치적인(?) 일로 보인다고 반대했었어요. 그런데 최근 몇 달 전에 남편이 "네가 이 일을 꼭 해야겠다."라고 하는 거예요. 태아들이 매일 죽고 있어 이거 안 막으면 우리나라 끝이라고 하며 계속 저를 설득해서 신기했어요. 사실 작년에 서명운동을 했기 때문에 이제는 그만하고 싶었어요. 훌륭한 분들이 나서서 사람들을 일으켜 주시길 바랐죠. 그런데 반대하던 남편이 이 일을 격려하고, 이제는 다 같이 힘을 모아야 할 때라고 생각했어요."

- 최근에는 어떻게 활동하셨어요?

기도 제목을 나누고 싶어 글을 썼는데 기사에 실려 많은 분들에게 전달되고 있는 것 같아 보람 있고 영상도 제작했어요.

캠페인도 하고 있는데 하루는 20대 자매가 전시해 놓은 피켓을 발로 차고 지나간 적이 있어요. 쫓아가서 마음에 안 들면 그냥 가면 되지 왜

차냐고 했는데, 눈물을 글썽이면서 "여건이 되는 사람들이나 아이를 낳는 거죠."라고 말하는 거예요. 그 자매의 눈빛이 잊혀지지 않아요. 이런 여성을 위해서라도 이법은 꼭 막아야겠구나 생각하게 돼요. 낙태를 반대한다고 하면 당신이 키워줄 것도 아니면서 무슨 상관이냐고 하는 등 여러 이유를 들고 나오지만 이런 논리에 걸리면 안된다고 생각해요.

크리스천이 가장 걸리는 게 그 부분이에요. '낙태 안 하면 네가 책임질 거야? 아이를 키우는 건 에너지와 시간, 물질이 들어간다.' 등등 여러 이유를 들고나와요. 그런데 이런 논리에 걸리면 안 된다고 생각해요. 낙태죄가 폐지될 때 가장 고통받는 것이 바로 여성이거든요. 그래서 더욱 낙태가 법으로 통과되는 것은 막아야 해요."

- 좀 더 구체적으로 설명해 주세요.

"낙태를 한 여성들은 심각한 후유증이 있다고 해요. 불임, 자궁외 임신, 습관성 유산, 죄책감, 우울증, 신경쇠약, 자살 충동 등 여러 가지 육체적 정신적 위험에 노출되죠. 아무리 '여성들이 원한다. 내 몸이니까 내 마음이다. 여성의 권리를 뺏지 말라.'고 기사에 나오지만 법을 통과시키려는 사람들은 결국 돈과 권력 때문인 것 같아요.

만약 낙태죄가 완전히 폐지되면 임신 주수와 상관없이 낙태를 할 수 있게 되는데, 이런 나라는 아무 곳도 없어요. 법을 통과시키려고 유리한 사례들만 기사에 내보내요. 그러다 불리해지면 삭제하죠. 제가 올렸던 기사들도 이젠 삭제되어 볼 수 없는 것들이 많아요. 그래서 그 의도를 보는 것이 중요해요. 뉴스만 보고 속지 않았으면 좋겠어요."

- 블로그 운영도 하시는군요. 서명 운동과 1인 시위 외에 또 어떤 활동을 하시죠?

"할 수 있는 모든 것은 다 해요. 예전에 했었던 다음세대학부모연합 블로그와 활동도 다시 시작했고 태아생명살리기 위드유캠페인으로도 활동해요. 10주된 태아의 발 모양 뱃지나 태아 모형을 만들어서 나눠주고 영상도 만들어서 유튜브 채널에 올려요."

- 외로운 싸움같이 보이시네요. 이런 일을 하는 분이 또 계신가요?

"국회 앞에서 만난 목사님이 계세요. 강순원 목사님이신데, 2018년 5월부터 매일 11시~1시까지 헌법재판소와 국회 앞에서 1인 시위를 해오셨어요. 하나님이 주목하시는 사람은 이런 분이라고 생각해요.

저도 감동받아 함께하게 되었고요. 목사님은 차도 없이 지하철을 4번 갈아타시면서 매일 나오세요. 이 사실을 알고도 모른 척할 수가 없었어요. 그래서 피켓이 제 차 안에 다 있어요.(웃음)"

- 이렇게 순종하기까지 믿음의 걸음이 있었을 텐데요, 예수님을 만난 과정이 궁금하네요.

"친정 식구들 모두 교회를 다녔어요. 저도 모태신앙으로 매주 교회 나가고 반주도 했어요. 그래서 저는 기독교에 대해 잘 안다고 생각했어요. 그러다 2008년에 두 아이 엄마가 되니 힘든 시간이 찾아왔어요. 주님이 아니면 안 되겠다는 생각으로 새벽기도에 나갔는데 거기서 주님을 만났어요. 잠깐 기도한 것 같은데 2시간이 지나있었고 얼굴은 실핏줄이 터졌었어요. 그 시간 하나님을 찬양하는 오케스트라가 떠올랐어요. 저는 바이올린을 전공했는데요, 그런 오케스트라가 있다는 것을 생각해 본 적도 없었어요. 몇 년 전부터 찬양하는 오케스트라에 가 보자던 후배의 말이 생각났어요. 하나님을 만나자 무시했던 그 말이 다르게 들렸어요. 그래서 오케스트라에 갔어요."

- 지금까지 삶과 너무 다른 삶이었네요. 오케스트라는 어떠셨어요?

"하나님이 말씀하신 대로 사는 것이 무엇인지 삶으로 배우는 시간이었어요. 주님이 부르셨기 때문에 힘들어도 그 자리를 지키는 훈련이요. 그곳에서 처음 했던 일이 총무를 맡아 음악회를 준비하는 것이었어요. 이런 일은 전문 스텝이 많이 필요해요. 상황이 열악하다 보니까 제가 스텝 회의에도 나가고, 섭외, 연주, 악보 복사 등을 다 했어요. 당시 우리 아이들은 4살, 2살이었는데 어린이집에 맡겨놓고 나머지 시간에는 이 일에 전념하게 됐죠.

봉사하면 칭찬받는 줄 알았는데 그런 것도 아니었어요. 힘든 날이면 집에 와서 울기도 많이 했어요. 그러나 주님이 말씀하신 것이니 그 말씀이 맞다라는 걸 증명해 보고 싶었어요. 그렇게 기도하며 3년을 섬겼어요. 제가 처음 왔을 땐 오케스트라에 3명만 남은 어려운 상태였는데 오케스트라 찬양프로그램이 생겨 매일 방송에 나가고 음악 국제학교가 세워졌어요. 기도하며 부르신 자리에 있는 사람을 통해 일하시는 하나님을 배웠어요. 그 뒤로는 한 선교단체를 섬기게 됐어요."

- 오케스트라와는 사뭇 다른 곳이네요.

"처음에는 왜 이런 곳에 나를 부르셨을까 했는데 어린이 모임을 시작한다는 공고를 보게 됐어요. 우리 두 아이를 놓고 어린이 지저스 아미 예배가 시작됐고 어린이 사역을 함께 했어요. 그때는 '주님이 설마 나를 여기에 계속 있으라고 하시겠어? 음악 하는 데로 보내시겠지.' 생각했는데 여름 겨울 캠프가 생기고 매주 학부모 기도회가 생기고 학부모들에게 강의도 하게 되었어요.

그렇게 여러 학부모 단체가 생기게 된 계기가 되었어요."

- 그렇게 해서 이런 활동으로 이어져 온 거군요.

"네. 지금 시급한 건, 낙태법 개정이에요. 이제 4개월밖에 안 남았죠. 주위에서 그러세요. 너무 애타지 말라고. 소망이 없다고 다 끝났다고. 맞아요. 하지만 우리는 주님께 소망이 있어요. 평범한 사람이 법 만드는 사람들을 어떻게 이기겠어요. 하지만 주님은 믿음을 선포하라는 마음을 주세요. 그리고 제가 생명 운동 하는 것을 우리 아이들이 보고 있잖아요. 반기독교적인 메시지가 하루 종일 쏟아지는 세상 속에서 '우리 엄마가 이런 거 했지.' 하면서 삶으로 배우길 바래요. 저도 좋은 결과를 간절히 바라고 있어요. 그러나 결과에 상관없이 주님이 외치라고 하면 외치고 가만히 있으라면 가만히 있는 게 크리스천의 삶이라고 생각해요. 저의 이런 외침을 통해 하나님은 정말 살아계신다. 지금도 말씀하신다. 지금 어려운 상황 속에서도 말씀대로 살고 계신 분들에게 실망하지 말라고 말하고 싶어요. 주님은 다 보고 계시니까요."

- 마지막으로 기도 제목 나눠주세요.

"2020년 몇 달간만이라도 생명 살리는 낙태법 개정을 위해 기도해

주세요. 주님은 막고 싶으신데 우리의 기도가 필요한 것 같아요. 기도하면 행동할 수밖에 없는데, 그런 작은 행동 하나가 오병이어라는 마음을 주세요. 주님은 때론 '너희 믿음을 보이라 내가 그대로 행하리라' 하시는 것 같아요. 그것으로 기적을 일으키시는 분은 주님이시니까요. 사사기 7장에 어떤 사람의 꿈 이야기가 나와요. 보리떡 한 덩이가 한 장막을 무너뜨린다는 이야기예요. 이것을 듣고 기드온과 300용사는 여호와께서 미디안을 넘겨주셨다고 확신하고 싸움에 나가서 이기죠.

또 다니엘 2장에는 꿈에 돌이 나와 우상을 부서뜨리고 그 돌이 태산을 이루었다고 해요. 돌멩이와 떡 한 덩이가 그 일을 이룬다는 거예요. 즉, 하나님이 하신다는 거예요. 우리는 순종하는 마음으로 기도하고 행동하고요. 그렇게 교회가 일어날 수 있도록 기도 부탁드려요."

사사기 7장 13절
기드온이 그곳에 이른즉 어떤 사람이 그의 친구에게 꿈을 말하여 이르기를 보라 내가 한 꿈을 꾸었는데 꿈에 보리떡 한 덩어리가 미디안 진영으로 굴러 들어와 한 장 막에 이르러 그것을 쳐서 무너뜨려 위쪽으로 엎으니 그 장막이 쓰러지더라

다니엘 2장 34, 35절
또 왕이 보신즉 손대지 아니한 돌이 나와서 신상의 쇠와 진흙의 발을 쳐서 부서뜨리매 그때에 쇠와 진흙과 놋과 은과 금이 다 부서져 여름 타작마당의 겨 같이 되어 바람에 불려 간 곳이 없었고 우상을 친 돌은 태산을 이루어 온 세계에 가득하였나이다

9. CGN TV 인터뷰

　기형아 진단을 받아 낙태를 할 뻔했으나 건강한 출산을 할 수 있었기에 그 누구보다 생명 존중의 가치에 동의하는 진심 어린 마음들도 함께합니다.

　세 아이 중에 제일 건강하고, 제일 똑똑하고, 제일 예쁘고... 이 아이가 기형아이고, 이 아이가 아프고, 심장이 안 뛰고, 키가 크고, 작고가 중요하지 않은 것 같아요....

우선 이 아이가 살았기 때문에, 정말 그 누구도(생명을 살리고 죽이는) 선택은 할 수가 없어요(현봉희).

- 정영선 대표는 지난 낙태법 헌법불합치 판결 이후 한 달 만에 20만 명 이상의 낙태 반대 서명을 받아 헌법재판소에 제출한 주역이기도 합니다. 물론 법조인도 정치인도 아닙니다. 다음 세대를 걱정하며 기도하는 두 아이의 엄마로서 너무나 안타까운 현실을 보며 뜨거운 마음을 품게 됐습니다.

작년에도 천주교 100만 명, 기독교인들 20만 명이 친필로 썼습니다. 그런 것들은 기사로 안 나와요… 제가 생각하는 가장 큰 문제점은, 국민들은 모른다는 거예요. 거의 이 문제에 대해서, 이렇게 중요한 문제를 왜 이렇게 이야기를 안 하고 있는지… 정말 크리스천들은 속으면 안 돼요.

- 정 대표는 여성을 위한 낙태'라는 거짓에 정면으로 맞섭니다.

'여성에게 좋다.', '여성 단체들이 원하고 있다. 그래서 해줄 수 밖에 없다.'

정말 거짓말이에요. 낙태를 하고 싶어서 하는 엄마는 없다고 생각해요. 남자가 책임져 주고, 부모님이라도 "내가 키워 줄게. 맘 놓고 낳아라."고 하면 마음 놓고 낳을 수 있을 것 같아요…

- 태아 생명을 두고 줄다리기하듯 타협하는 논리에 크리스천들은 분별함을 가져야 한다고 강조합니다.

14주, 24주 이야기를 하시지만… 그냥 쇼인 것 같아요.

왜냐하면 12주 안에 다 이뤄지고 있는데…

우리가 그런 기사를 계속 접하다보니 12주 이상인 낙태라도 막자라는 마음이 들게 해요.

- 정 대표는 교회에서부터 먼저 태아를 지킨 여성들을 지지하고 함께 양육해줄 수 있어야 한다고 간절하게 요청합니다. 출산을 원하는 여성들이 안전하게 출산하고 양육할 수 있는 버팀목이 다름 아닌 '우리 교회'가 될 수 있어야 한다는 외침입니다.

우리 교회 안에서라도 낙태하는 사람이 없도록 그동안 낙태죄가 있어도 선포하지 않았었잖아요. 이런 부분에 있어 정말 강력하게 우리 교회만큼이라도 안 하면, 그게 또 전도의 연결고리가 될 수 있고, 선행의 연결고리가 될 수 있습니다.

태아의 발달과정

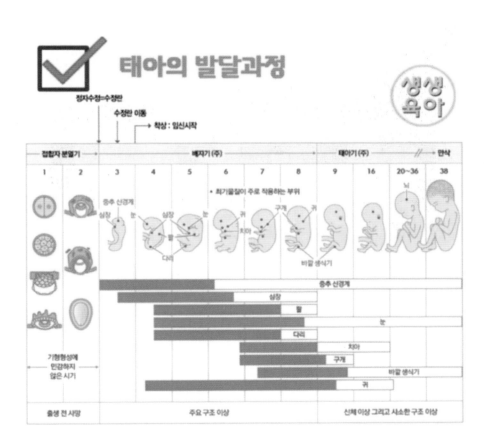

10. 태아생명살리기 성명서

생명 존중이 없는 낙태법 개정에 대해 우리는 강력히 반대한다.

우리나라는 올해 12월 31일까지 낙태법을 개정해야 하는 상황이다. 작년 4월 11일 헌법재판소에서 낙태죄에 대해 헌법불합치 판결을 내렸기 때문이다. 입법 진행 절차가 있기에 지금부터 시작해도 빠듯한 시간이다. 지난 8월 12일 법무부는 낙태죄 전면 폐지 내용의 양성평등 정책위원회의 권고가 있다고 발표했다. 하지만 추미애 법무부 장관과 불과 몇 달 전 만든 외부 대학교수들의 위원회일 뿐이다.

이런 기사들 덕분에 법무부의 의견으로 보여지고 있다. 불과 1~2년 전만 해도 법무부는 낙태 반대 입장을 공식적으로 냈었다. 또한 여성단체들은 모두 환영하고 있다는 기사도 한쪽 기사만을 실어주고 있기 때문이다.

9월 23일 국무총리실 주재로 관련 5개 부처 장관들과 회의하고 임신 14주 내외로 하는 방안이 중점 논의된다고 한다. 코로나로 국민의 생명이 최우선이라고 강경대책을 펼치고 있는 곳이다. 그동안 우리가 살면서 한 번도 경험하지 못한 학교가 문을 닫고 교회와 직장이 폐쇄되고 있다. 낙태법에도 생명 존중을 하길 바란다.

우리나라보다 먼저 통과된 나라들의 진행 과정을 보면 일단 임신 주수가 논의되면 점점 낙태 가능 수위가 높아진다. 또한 관련 법들이 새로 생겨나야 한다. 사회적 혼란을 피할 수 없고 특히 청소년들의 피해가 심각할 것이다. 낙태약 합법도 지금으로써는 제재할 수가 없을 것 같다.

언론에서는 특수한 경우를 들어 낙태 반대하는 사람들을 인정 없는 사람들로 몰아간다. 하지만 우리나라는 이미 1973년부터 모자보건법 14조로 부득이한 경우를 허용하고 있다.

낙태죄 전면 폐지를 외치는 여성단체 의견을 보면 누군가 내 몸에 대한 결정을 죄라고 하는 것에 대한 반발심이 가장 큰 것 같다.

또한 여자들에게만 죄를 묻는 법에 대해 더욱 불쾌감을 느끼는 것 같다. 하지만 생각해 보자. 낙태했다고 감옥 가는 여성이 있었는지?

우리나라 기혼여성의 반절은 낙태 경험이 있다는 통계도 보았다. 한때는 산아제한으로 나라에서 장려하던 때도 있었다. 하지만 낙태죄를 아예 없애버리면 진짜 여성에게 안 좋은 길이 열리는 것이다.

낙태에 대해 여자나 남자나 이전보다 훨씬 쉽게 생각할 것이다.

무엇보다 내 몸에 좋지 않기 때문에 하지 말자는 것이다.

'태아생명살리기'는 낙태죄 논의가 한창이던 2018년 5월부터 매일 1인 시위를 이어오고 있다. 시민들의 자발적인 모임으로 2시간 동안 피켓을 들고 있다. 40회를 넘고 있는 위드유캠페인도 서울 각 지역 장소를 바꾸어 생명의 소중함을 알리기 위해 애쓰고 있다.

멀리 원주 평택 파주 김포에서도 와 주시는 분들을 보면 정말 감동을 준다. 이렇게 하면서 외치는 이유가 뭘까?

죄를 묻고 싶어서가 아니다. 여성에게도 태아에게도 나쁜 법인 것을 누군가 듣고 돌이켜 생명을 택하길 바랄 뿐이다. 2020년 낙태법 개정에 생명 존중으로 우리나라가 생명을 택하길 바란다.

2020년 9월 21일

2019년 4월 11일, 66년 동안 유지된 낙태죄 조항에 대해 헌법재판소가 '헌법불합치' 결정을 내렸다.

'헌법불합치'란 해당 법률이 사실상 위헌성이 있기는 하지만 즉각적인 무효화에 따르는 법의 공백과 사회적 혼란을 피하기 위해 법을 개정할 때까지 한시적으로 그 법을 존속시키는 결정을 말한다.

이에 따라 올해 안에 새로운 법이 나오지 않으면 내년 2021년 1월 1일부터 임신주수와 상관없이 무분별한 낙태가 시작될 것이다. 2017년 대한산부인과의사회 발표에 의하면 우리나라는 하루 3,000건 이상 전 세계 낙태율 1위를 기록하고 있다. 낙태죄가 있는데도 이 정도면 내년부터는 얼마나 많이 증가할까. 실제로 영국은 1967년 낙태법이 발효된 이래로, 낙태율이 15~44세의 1,000명의 여성당 5명에서 18명으로 증가하였다.

뉴스에서 국민 대다수의 의견이라고 내놓는 통계는 법을 통과하려는 세력들의 거짓이다. 그 거짓에 진실을 말하는 것조차 무력화시키고 빠른 속도로 법을 통과시키고 있다.

이대로 가다가는 특별히 청소년 아이들의 피해가 너무나도 크게 나타날 것이다. 학교에선 학생인권조례로 임신한 학생들의 학습권에 차별을 두지 말자고 하고 자기 몸은 자기가 결정할 권리가 있다며 성적 자기 결정권을 가르치고 있다. 어른들이 알려주는 대로 그대로 믿는 아이들에게 더 이상 나쁜 짓은 멈춰져야 한다.

정부 기관 중에서 여성가족부와 국가인권위원회가 낙태에 대하여 여성 인권의 침해라면서 인권의 정의를 모독하고 있다. 전 세계 인간의 권리는 소중하다는 인권선언에서 태아의 인권은 어디로 갔는가? 정말 경악스러운 국가의 수준을 보여주고 있다.

1973년 미국은 낙태 합법 국가가 되었다. 그것은 놀랍게도 한 사람의 거짓말 때문이었다. 그 뒤에는 법을 통과시키려는 변호사들의 계략과 속임수가 있었다. 미국 페미니즘 세력은 미국이 낙태 합법화를 관철시키기 위해 수십 년간 거짓말, 과장, 왜곡으로 벌어진 역사가 담겨져 있다.

로 대 웨이드 사건의 주인공 당사자는 참회하며 자신이 거짓말을 했다고 번복하였지만 통과된 법은 다시 돌이키기 힘들다.

2018년 10월 미국 앨라배마주 대법원은 최근 8주된 태아를 '생명체(person)'로 인정하는 판결을 내렸다. 이 판결은 과거 로 대 웨이드 사건의 대법원의 판결과 상충하기 때문에 향후 판결이 뒤집힐 수도 있다. 미국의 법도 과거의 낙태 합법화에 대하여 잘못된 결정을 인정하며 빠르게 변하고 있다. 한국의 국회는 거짓말에 속아서 낙태를 합법화시키는 최악의 상황을 만들지 않기를 바란다.

대한민국에서는 생명을 존중하는 '생명 운동'이 활발히 전개되어야 한다. 그리고 그러한 법이 단단하게 제정되어야 한다. 21대 국회는 생명 존중의 법을 제정하라!

2020년 11월 11일

    우리나라는 지금 67년 동안 유지되어 온 낙태죄가 사라지려는 위기에 있다. 그동안 우리나라는 하나둘만 낳아 잘 기르자 하며 산아제한으로 많은 여성들을 낙태의 길로 인도하였다. 또한 1973년에는 모자보건법을 만들어 부득이한 경우 24주 내의 낙태를 허용하였다. 그래서 많은 여성들이 낙태의 경험을 갖고 있다. 뒤늦게 수술을 후회하고 부작용과 죄책감으로 힘들어하고 심한 경우에는 사망에 이르는 여성들도 있다. 이렇게 법은 한번 만들어지면 영향력이 엄청나다. 그동안 우리나라에서 낙태된 아이들의 숫자가 얼마나 될까? 작년 4월 11일 헌법재판소에서 낙태죄를 헌법불합치 판결을 내어 올해 12월까지 새로운 법을 만들어야만 한다. 지금 우리나라는 코로나로 전 국민의 생명을 위해 국가가 흔들릴 정도로 대한민국의 모든 것들이 멈추었다. 앞으로 엄청난 경제 파탄이 올 거라는 불안감과 예측할 수 없는 미래를 앞두고 있다. 그러면서도 만들고 있는 것이 바로 낙태법이다.

이렇게 촉박한 상황에서 정부에서 내놓은 법안은 우리의 기초상식에도 어긋난다. 임신 14주 내에는 낙태 전면 허용, 사회적 경제적 이유로는 24주까지 허용되는 법이 통과되려 한다. 성별이 정해지고 심장이 뛰고 모든 사람의 형체와 기관이 완성된 태아를 죽이는 것이 국회에서 할 일인가? 심지어 권인숙, 박주민, 이은주 비례대표 의원들은 낙태죄 전면 폐지(임신주수 상관없이)를 하자는 법안을 냈다. 정부법안으로 통과되는 것을 다행으로 여기라는 것처럼 보인다.

12월 9일 내일이 바로 올해 정기국회 마지막 날이다. 그런데 하루 전 오늘 공청회를 하고 코로나로 입장을 제한하면서 진행하고 있다. 이렇게 국민이 점점 사라지면 국회도 필요 없고 우리나라도 사라진다. 언론에서는 여성 단체에서는 낙태죄 폐지를 외치고 있다고 국민들 의견을 반영해야 한다고 나온다. 하지만 국민 대다수는 그렇게 생각하지 않는다. 언론에서 말하는 여성 단체들은 법 통과를 위해 임시로 만든 특정 단체들이다. 그리고 반대하는 의견들은 뉴스에 나오지 않는다. 실제로 현장에 나와 보라. 낙태 반대를 외치는 국민들이 얼마나 많은지. 국민을 대표해서 국민을 위해서 일해 달라고 좀 더 살기 좋은 나라 만들어 달라고 많은 특혜를 주며 뽑았는데, 이런 나쁜 법을 시도할 거면 차라리 가만히 있으라.

우리나라는 지금 태어나는 아이들보다 낙태로 태어나지 못하는 아이들이 훨씬 많다. 출산율을 걱정하며 많은 법들을 만들고 세금을 정하고 있다. 우리나라 인구가 부족하다며 받아들인 외국인이 200만을 넘어섰다. 외국인들이 우리나라 법을 바꿀 수 있는 제도 아래 놓여 있다.

2017년 국민청원제도를 만들어 20만 명이 넘으면 청와대가 답변하고 법을 바꾸고 있다. 낙태법 또한 국민청원 23만 명으로 시작되었다. 한 명씩 서명하여 낸 낙태 반대 120만 명 서명은 언론에 나오지도 않는다. 이런 현실 속에서 우리가 당연하게 누렸던 것들을 감사하고 지키기 위해 전국의 여성 지도자와 여성 목회자를 대표하여 성명서를 낭독한다.

2020년 12월 8일

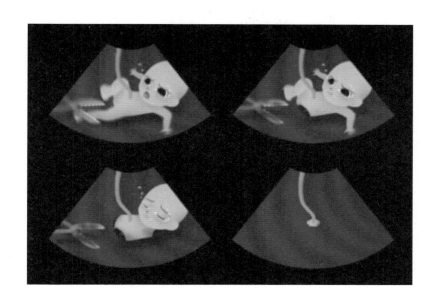

나보고 세포라고 해요.

아직 사람의 형체가 아니라고 없앨 수 있다고 해요.

난 살고 싶어요.

여러분, 난 살고 싶어요 도와주세요.

아무 말 할 수 없어 이렇게 이야기해요....

생명 존중 법 개정에 관심 없는 국회에 탄원한다!!!

속히 임시국회를 열어 낙태법을 개정하라!!!

12월 9일 올해 마지막 정기국회가 열렸다. 작년 4월 11일 헌법재판소는 형법 269조 270조 낙태죄에 대한 헌법불합치 판결을 내리며 2020.12.31.까지 법을 개정하라고 하였다. 그런데 앞으로의 일정에 대해 아무런 발표도 없이 국회가 끝나다니 개탄을 금할 수가 없다. 지금 우리나라는 낙태죄 전면 폐지(임신주수와 상관없는)가 되는 위기에 처해 있다.

1960년대부터 산아제한으로 1973년 모자보건법으로 많은 여성들이 낙태를 하도록 국가가 앞장서 왔다. 물론 법이 있고 없고를 떠나서 우리가 지키면 된다. 하지만 학교 현장은 다르다. 아이들은 우리가 예측할 수도 없는 더 많은 문제 속에 노출될 수 있다. 특히 인터넷

상 낙태약 판매로 청소년들이 위험하다.

　우리나라 낙태 평균시기는 6.4주이다. 대부분이 이 기간에 이루어진다. 그 이상의 논의는 사실상 의미가 없다. 낙태하려는 여성들조차 할 수만 있다면 피하고 싶고 내 몸에 안 좋다는 것은 알고 있다. 제발 여성 단체들은 자유로운 낙태법을 원한다는 기사는 그만 내보내길 바란다. 많은 단체에서 반대 목소리를 내고 있다. 언론에서는 부디 우리의 목소리를 들으라. 국민 대다수는 생명 존중법을 원한다!!!

　국가가 존재하려면 국민이 있어야 한다. 그런데 국민이 없어지려고 한다. 지금 우리나라는 많은 어려움 속에 있다. 그동안 수많은 전쟁 속에서 살아남고 이렇게 잘사는 나라가 되었다. 생명을 살리는 법 제정으로 국가적 난관을 이겨내고 세계 속에 더욱 빛을 발하는 나라가 되길 소망한다.

2020년 12월 16일

3장

1. 우리가 두려워할 분은 오직 주님

하늘에 하트가 보인다

오늘은 제60회 태아생명살리기 위드유캠페인이 있는 날이다.

하나님이 계시지 않는다면 우리가 이 자리에 나올 이유가 없다.

코로나로 예배도 못 드리는 상황에서 눈총을 받아가면서도 영하 10도가 넘는 날씨에도 햇빛으로 팔이 까맣게 타는 여름 날씨에도 비가 억수같이 오는 날에도 이 자리에 나올 수 있었다.

한 시간 넘게 지하철을 타고 오시는 분들 각자 교회도 다르고 사는 지역도 다르지만 오직 낙태법 개정을 위해 모인다.

하나님이 싫어하시는 법이 생기지 않도록 '하나님이 싫어하시면 나도 싫어해야지' 하는 심정으로 나오고 있다.

대부분은 무관심한 표정으로 지나가는 것을 보면 과연 우리의 캠페인이 효과가 있을까 하지만 우리는 주님이 보고 계시기에 오늘도 나갈 수 있다. 어떤 사람은 지나가다 소리를 지르고 피켓을 발로 차고 가기도 하고 어떤 사람은 수고하신다며 한 사람씩 찾아다니며 90도로 인사하고 가기도 한다. 국회에서 일하시는 분들과 경찰 또 자주 오시는 분들은 낙태 반대하는 사람들이 매일 얼마나 오고 있는지 알고 있을 것이다.

우리의 기도와 행동으로 한 사람이라도 감동을 받아 생명을 살리는 법을 만들어 주지 않을까, 또 우리가 할 수 있는 것은 이것밖에 없으니 이런 상황에서도 우리가 할 수 있는 것이 남아있다니 그 또한 정말 감사하다. 1년 동안 코로나로 예배를 제대로 드릴 수 없었는데 매주 수요일 11시 삶의 예배를 드릴 수 있게 우리를 이끄심에도 감사하다.

우리는 주님이 하라는 대로 순종했을 때 환영받고 기도하는 대로 응답받지 못할 수도 있다. 성경의 수많은 사람들이 그러한 삶을 살았다.

하지만 중요한 것은 주님은 말씀하셨고 주님이 보고 계시다는 것이다. 우리는 그저 외치라면 외치고 멈추라면 멈추면 되는 것이다.

그 과정과 결과 또한 주님께 맡기며.

마태복음 10장 32,33절
누구든지 사람 앞에서 나를 시인하면 나도 하늘에 계신 내 아버지 앞에서 그를 시인할 것이요 누구든지 사람 앞에서 나를 부인하면 나도 하늘에 계신 내 아버지 앞에서 그를 부인하리라

주님 오시기 전에 있을 세상과 교회와의 싸움이 이미 시작되어 진행 중이다. 앞장서신 분들은 엄청난 고난과 대가를 치르고 계시다. 그런데 대부분은 감사하지 못하고 도망갈 생각만 하고 오히려 욕하며 거리를 두고 있다. 성경에 나오는 바벨탑 사건이 생각난다. 서로의 언어를 못 알아듣게 하는 것이다. 내 안에 무엇을 믿고 있느냐가 언어로 나오게 된다. 코로나만 없어지면 예전 생활로 돌아갈 거라 생각한다. 대학들도 온라인 수업으로 전환을 발표했고 모든 분야에선 코로나 이후 시대를 준비하고 있는데 교회만 잠자고 있는 것 같다.

정부의 발표에 따라 그저 시키는 대로 하려고 한다.

우리가 두려워할 분은 오직 주님이시다.

마태복음 10장 28절
너희는 몸은 죽여도 혼은 죽일 수 없는 자들을 두려워하지 말고, 오히려 혼과 몸을 모두 지옥에서 멸하실 수 있는 그분을 두려워하라

하나님은 정부보다 크시다. 우리는 하나님 말씀을 들어야 하는 하늘의 성도이다. 하나님의 축복받은 나라 미국이 말씀을 반대하는 법들을 세워나가는 대통령이 세워졌다. 낙태와 동성애가 더욱 증가될 것 같다. 우리나라에게 촛대가 옮겨지는 것은 아닐지 우리나라는 하나님의 말씀을 지켜 십계명의 축복을 누리는 나라가 되길.

대한민국이 세워질 때 이미 세계 복음화에 헌신하기로 하여 세워진 이 나라가 세계 속에 빛을 발하기를 소망하며 기도한다.

이사야 60장 1절
일어나라 빛을 발하라 이는 네 빛이 이르렀고, 여호와의 영광이 네 위에
임하였음이니라

2. 태아생명살리기 국회 앞을 지킨다

여의도 국회의사당 앞 11~1시.

매일 태아를 살려주세요 외치시는 분을 만날 수가 있다. 강순원 목사님. 2018년 5월 낙태죄에 대한 뉴스를 보고 가만있을 수가 없었다고 하셨다. 바로 헌법재판소 앞으로 낙태 반대 현수막을 몸에 앞뒤로 걸치고 나가셨다. 이제 그만해야지 하는 날이면 어김없이 이름도 모르는 새로운 사람들이 와서 하나님의 뜻인 거 같아 그만둘 수가 없었다고 하신다.

2019년 4월 11일 헌법불합치 판결이 났을 때도 우리나라는 망했어 하시며 많이 우셨다. 판결이 난 뒤로는 국회의사당 앞으로 자리를 옮겨 매일 외치고 계신다.

태아를 살려주세요. 유튜브에 검색해 보세요. 태아들이 살려고 도망치는 것을!

목사님이 외치시는 자리에 파라솔이 없었는데 생겼다고 하나님이 해 주신 거 같다고 좋아하신다. 지나가시는 국회 직원들도 무심한 거 같지만 피켓 내용도 보고 누가 봐도 본인의 이익은 전혀 없어 보이는 성실함에 감동을 주는 것 같다. 목사님은 "신호등 기다리느라 어쩔 수 없이 들을 수밖에 없어. 내 자리가 중요한 자리야."라고 하신다.

어떤 분은 내가 국회에 30년 근무했지만 이분이(목사님) 최고야라고 하시는 분도 계셨고 때로는 심하게 화내는 사람들도 있었다.

비가 오는 날은 비옷을 입고 외치신다. 감기도 안 걸리고 건강하니 빠지고 싶어도 못 빠진다고 하신다. 매일 하시면서도 사람들이 많이 모이는 날은 그렇게 행복해하실 수가 없다. 나도 기사만 검색해 보다가 더 이상은 못 참겠다 하고 피켓을 만들어 나갔다가 처음 목사님을 만나게 되었다.

선교!! 나는 신앙이 좋아지면 마지막은 비행기 타고 다른 나라로 가서 선교하는 것이라고 생각했다. 하지만 지금 우리나라는 여느 선교지 못지않다. 교회에 다니면서도 전혀 다른 사고방식을 교육받고 있는 다음 세대들이 쑥쑥 커나가고 있다. 코로나로 다른 나라로 이동도 거의 막혀 있는 상태이다. 전국의 교회 문을 닫게 하고 준비하고 있는 것이 차별금지법과 낙태법이다.

11월, 12월 안에 낙태법에 대한 법이 만들어진다. 안타깝게도 이 시간이 지나면 언론에서도 교회에서도 관심 밖으로 밀려날 것 같다.

매일 11~1시 이 시간 국회의사당에 와 보시길. 서 있기만 해도 주님의 마음을 부어주신다. 주제는 무겁고 상황은 암담하지만 "내 딸아 정말 잘 왔다." 하신다. 구름도 하늘도 너무나 아름답다. 구름이 하트로 보이기도 하고 하나님의 손으로 국회의사당을 안수해 주시는 것처럼 보이기도 한다.

이 시간 나도 살아있음을 느끼게 하신다. 그리고 하나님의 형상대로 지음받은 우리는 주님이 기뻐하시는 일을 할 때 행복하단 걸 몸소 느낄 수가 있다. 이 행복을 많은 사람이 누렸으면 좋겠다.

시편 106장 1~3절
할렐루야 여호와께 감사하라 그는 선하시며 그 인자하심이 영원함이로다
누가 능히 여호와의 권능을 다 말하며 주께서 받으실 찬양을 다 선포하랴
정의를 지키는 자들과 항상 공의를 행하는 자는 복이 있도다

3. 태아생명권이 우선,
자기결정권이 침해 못 해

기독일보 노형구 기자 2020년 12월 19일

　일사각오 구국목회자연합(대표 윤치환)이 18일 파주 운정참존교회(담임 고병찬 목사)에서 '낙태 그 진실, 유튜브 국민대회'를 개최했다. 이날 이명진 소장(성산생명윤리연구소)을 비롯해 연취현 변호사, 전혜성 사무총장(바른인권여성연합), 박상은 원장(안양 샘병원), 정영선 대표(태아생명살리기 위드유캠페인)가 강연했다.

이명진 소장은 "1960년대 히피즘이 창궐하면서 프리섹스가 팽배했다. 당시 피임약 처방은 법으로 엄격한 제한이 있었는데, 당시 미국 정부가 피임약을 무제한 허용하기 시작하면서 성적 문란은 더욱 극대화됐다"며 "그 결과 도미노 현상으로 1973년 미국 연방재판소는 '로 대 웨이드' 판결을 내면서 낙태가 합법화됐다. 이후 2015년엔 동성결혼 합법화가 이뤄졌다"고 했다.

그러면서 "청교도 신학으로 굳건한 영·미 교회가 자유주의 신학에 물들어 타락하기 시작했다. 영적 타락의 결과로 1968년부터 영국에선 임신 24주까지 낙태를 허용했다. 1978년엔 시험관 아기가 탄생하고 대리모를 허용했다"며 "60~70년대 말 미국 신학도 자유주의에 물들기 시작했다. 남침례교 신학교 총회장들이 소금의 맛을 잃은 관용·이웃사랑을 주장하자, 하나님 중심의 신앙은 상쇄됐다. 이어 1973년 미국에서 낙태를 합법화한 '로 대 웨이드' 판결이 탄력을 받기 시작했다"고 했다.

그는 '로 대 웨이드' 판결로 현재까지 미국에서 5,800만 명의 태아가 죽었다. 미국에선 24주 이내로 낙태가 가능한 법제화도 가능케 됐다"며 "지금 대한민국 정부도 임신 14주까지 낙태를 자유롭게 허용하는 '낙태법 개정안'을 발의했다. 그러나 대한민국에선 현재 97%의 낙태가 14주 이내로 시행되고 있다고 한다. 아예 낙태를 법적으로 허용하자는 것"이라고 했다.

이 소장은 "성산 생명윤리연구소는 3대 원칙을 담은 선언문을 발표했다. 첫째 모든 생명은 보호받아야 한다, 둘째 낙태를 돈벌이 수단으로 삼지 말자, 셋째 양심과 종교적 신념에 따라 의사의 낙태하지 않을 권리를 보장하라는 것"이라며 "조해진·서정숙 의원도 우리의 선언을 반영한 낙태법 개정안을 냈다. 예장 고신·대신·합신, 기성 등 주요 교단들이 태아 존중 주일을 정하고 '낙태가 죄'라는 말씀을 선포하기 시작했다"고 했다.

그는 "현재 대한민국 가정 대부분이 낙태라는 멍에에 짓눌리고 있다. 1970년대 국가 주도의 낙태 정책 탓이다. 당시 교회도 낙태가 죄라는 사실을 선포하지 않았다. 이제라도 용서해 주시는 예수님께 회개하자"며 "살아 있는 신앙인은 물살을 거슬러 간다. 우리는 세상의 비윤리적 물살에 대해 거슬러 올라가야 한다. 창세기 1장에 따라 사람은 하나님의 형상대로 지음 받았다는 사실을 사람들에게 전하자. 그래야 사람들이 자신을 존중하는 문화가 확장돼서, 대한민국 낙태가 줄어들 수 있다"고 했다. 이명진 소장(성산 생명윤리연구소)

이어 강연한 연취현 변호사는 "헌법재판소는 낙태죄 입법 목적이 합법하고 수단은 적합하다고 판시했다. 다만 헌재는 낙태죄가 여성의 자기결정권을 침해할 수 있기에, 낙태죄 존치를 전제로 태아의 생명권과 자기결정권의 조화를 요구한 것이다. 낙태죄 폐지 자체를 요구한 게 아니"라며 "그러나 '낙태죄 전면 폐지'를 골자로 권인숙 의원이 발의한 개정안은 재생산 용어를 쓰면서 출산보다 낙태를 지원하는 곳을 따로 명시했다. 의사에게 낙태 거부권도 금지했다"고 했다. 또 "정부의 낙태죄 개정안도 임신 14주 이내로 낙태를 허용했다. 대한민국 낙태의 98% 이상이 14주 이내로 이뤄지고 있는 상황에서 정부 개정안은 차라리 낙태를 허용하자는 것"이라며 "정부의 낙태죄 개정안은 사회경제적 사유도 포함시켰지만 현재 대한민국의 낙태 사유 중 85~95% 이상이 사회경제적 사유라고 한다. 또한, 만 16세 이상 청소년도 상담 확인소에서 증명서를 받고 의료기관에 제출하면 낙태가 가능토록 했다"고 했다.

반면 "조해진 의원의 개정안은 태아의 심장박동이 감지되기 시작한 6주 이내로만 낙태를 허용했다. 강간, 모자의 건강 등의 경우에만 20주 이내로 낙태를 제한적으로 허용했다. 낙태 처벌에 남성을 추가하며 여성에게 과도히 책임을 부과했던 폐단을 제거했다"며 "서정숙 의원의 개정안은 임신 10주 이내로만 낙태가 가능하도록 했다. 낙태 처벌에 남성뿐만 아니라 의사도 포함시켜 헌재 판결에 따라 여성의 자기결정권과 태아의 생명권을 조화시키도록 노력했다"고 했다.

그러면서 "보건복지부의 모자보건법 개정안은 낙태를 '비범죄화' 하겠다면서, 낙태 시술 전담 의료기관의 명단은 공개하지 않겠다니 정말 모순이다. 이를 보완하기 위해 서정숙 의원은 낙태 전담 의료기관을 지정해 공개하도록 했다"며 "낙태죄가 폐지되면 낙태도 성형외과처럼 돈벌이 수단이 될 수 있다. 지금도 낙태가 불법적으로 대한민국에서 횡행하고 있는데, 캐나다가 설사 낙태 합법화를 했을지라도 이미 생명존중문화가 있기에 낙태를 거의 하지 않고 있다. 현재 아일랜드는 헌법에서도 모든 낙태를 금지하고 있다"고 했다.

또 전혜성 사무총장(바른인권여성연합)은 "급진 페미니즘은 낙태 비범죄화 경향을 촉발시켰다. 자아실현이라는 '자기 권리'로 태아 낙태를 정당화시킨다. 이런 자기결정권이 공교육에 침투했다"며 "낙태죄 폐지를 외쳤던 페미니즘 단체는 자기결정권으로 '내 몸은 내가 결정할 수 있다'며 태아의 생명을 내가 원하는 방식으로 제어하려고 한다. 헌법에서 태아의 생명권은 우선적 가치라서, 자기결정권으로 태아의 생명권을 침해하도록 헌법이 허용하지 않고 있다"고 했다.

박상은 원장(안양 샘병원)은 "자기결정권은 원래 하나님이 사람에게 주신 고유한 권리다. 하나님이 아담에게 모든 걸 자유롭게 결정할 자기결정권을 주시면서 선악과는 따먹지 말라고 했다. 선악과는 생명나무다. 곧 생명을 앗아가라고 자기결정권을 주신 게 아니"라며 "자기결정권에는 책임이 뒤따른다. 그러나 여성 페미니스트들은 '피임과 성관계를 결정할 자기결정권'과 '책임'은 배제하고 태아를 죽일 자기결정권만 얘기한다. 무책임하다"고 했다.

정영선 대표(태아생명살리기 위드유캠페인) "하나님 말씀에 따라 국회 앞에서 1인 시위를 하고 있다. 강원순 목사님과 현재 함께 하고 있다. 나 같이 전문적 지식이 없는 사람도 이렇게 외치고 있다. 영향력 있는 사람이 낙태죄 폐지 반대를 외쳐 달라"며 "1,200만 성도들이 낙태법·차별금지법의 진실을 알고 국회로 반대를 외치며 나아가면 승리할 수 있다"고 했다.

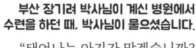

부산 장기려 박사님이 계신 병원에서
수련을 하던 때, 박사님이 물으셨습니다.

"태어나는 아기가 많겠습니까?
낙태로 죽는 아기가 많겠습니까?"

저는 대답했습니다.
"태어나는 아기가 많지 않을까요?"

"그렇지 않습니다.
태어나는 아기보다
낙태로 죽어가는 아기들이 훨씬 많습니다.
닥터 박이, 의사가 되지 않더라도

낙태, 이것을 막을 수만 있다면
의사가 되서 살릴 수 있는 생명보다
더 많은 생명을 살릴 수 있을 겁니다."

저는 아직도 그 말씀이 잊혀지지 않습니다.

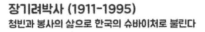

장기려박사 (1911-1995)
청빈과 봉사의 삶으로 한국의 슈바이처로 불린다

박상은 원장
효산의료재단 샘병원 대표원장

4. 최근 낙태법 개정을 바라보며

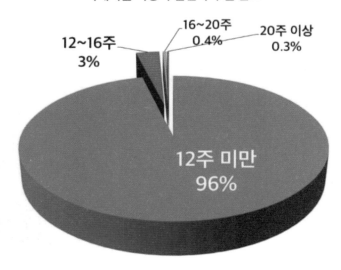

낙태시술 여성의 임신 주수별 분포

12~16주
3%

16~20주
0.4%

20주 이상
0.3%

12주 미만
96%

최근 11월 13일 조해진 의원(국민의 힘) 낙태법 개정을 바라보며 환영한다는 기사만 나오는 것을 보며 안타까운 마음이 들었다. 물론 기독교 언론 또한 뉴스 전달의 역할도 크기에 사실 전달은 필요하다 생각한다. 조해진 의원 법안을 자세히 살펴보니 낙태 허용 10주, 사회경제적 이유 20주, 정부법안은 낙태 허용 14주, 사회경제적 이유 24주였다. 큰 차이가 없어 보였고 우리나라는 낙태 시술이 6주 안에 거의 다 이루어지고 있기에… 그들의 계획대로(?) 진행되고 있다는 느낌이었다. 작년 4월 낙태죄 헌법불합치 판결 이후 그동안 너무나 조용하더니 올해 8월 갑자기 낙태법 정부법안을 발표했다. 그리고 며칠 후 전국의 교회 문을 닫게 했다. 그만큼 교회의 기도는 강력한 것이다. 물론 코로나 방역 이유로… 그리고 비례대표 12명을 통해 낙태죄 전면 폐지를 발표했다. 정부법안 정도로 법이 통과되는 것을 다행이라는 여론을 만들기 위함이다. 물론 조해진 의원님을 통해 생명을 조금이라도 더 살리려 노력하신 분들에 대한 수고를 잘 알고 있다. 낙태 반대에 대한 마음은 모두 같기 때문이다.

하지만 의원들이 낸 법안이 정부법안을 뛰어넘기란 힘든 상황 속에서 미국 심장 박동법처럼 6주 이후 전면 금지로 상징성을 두고 낙태 반대하는 국민들이 이렇게 많다는 것을 보여줬으면 하는 아쉬움이 있다. 또 한 가지 기독교신문에서조차 10주 법안에 대한 환영 기사만 나오면 다음 세대에게 뭐라고 가르쳐야 할지 모르겠다. 우리의 기준은 말씀이다. 우리의 신앙생활은 때론 기도 응답도 아니고 사역의 성공이 아닐 수도 있다. 지금 당장은 실패로 보일 수도 있다. 하지만 우리가 놓지 말아야 할 것은 언제나 하나님 편에 서는 것이다. 그리고 말씀을 경험하는 삶이다. 이 땅의 영광이 아니요 그날의 영광이다.

미국은 한 사람의 거짓말로 인해 낙태 합법 국가가 된 후 복음주의 기독교인들을 중심으로 프로라이프(생명존중) 운동을 50여 년 동안 해왔고 그동안 수많은 사람들이 감옥에 갔다고 한다.

　최근에도 낙태 시술소 앞에서 생명을 지키자는 피켓 든 사람을 수
갑에 채워 체포해 가는 영상을 보았다. 누군가 가보지 않은 길에 대
한 결과는 예측하기 힘들다.

　하지만 법이 통과된 나라들이 어떤 일을 겪고 있는지 이렇게 보여
주시며 우리나라만큼은 그렇게 되지 않기를 바라고 계신다.

　올해 마지막 정기국회가 12월 9일에 열린다. 이번 주 안에 논의될
법안이 정해진다고 한다. 진짜 시간이 얼마 남지 않았다. 올해까지
낙태법 개정을 해야 하는 상황에서 우리나라의 존망이 달린 이런 중
요한 법이 어떻게 될지 낙담이 되기도 한다.

사단은 이제 너희가 할 수 있는 것은 아무것도 없다고 이야기한다. 하지만 우리는 기도할 수 있고 내가 할 수 있는 순종이 있다. 우리가 줄다리기를 하다가 포기하고 힘을 빼는 순간 내 자리도 못 지키는 것처럼 우리도 주님이 끝났다고 할 때까지 기도를 지속해야 한다. 주님은 내가 할 수 없는 것을 요구하지 않으신다. 왜 그것밖에 못 했냐고 하지 않으신다. 조금만 순종해도 주님이 일하신다. 어느 땐 맘속으로 불평하며 한 순종에도 너의 순종으로 일할 수 있었다 고마워하시며 내가 다 한 것 같은 기쁨을 주신다. 그렇게 한 사람 한 사람 귀하게 여겨주신다. 그렇게 하루하루 하나님 나라가 가까이 오고 있다.

5. Speak up 목소리를 높이세요!!!

금발이 너무해 2

내가 제일 좋아하는 영화다. 핑크색을 좋아하는 주인공이 나오는 로맨틱 코미디로만 알고 있지만 나에게는 많은 것을 전하는 영화였다.

결혼식을 앞두고 자신의 강아지의 부모님도 결혼식 하객으로 초대해야 한다는 다소 엉뚱한 발상에서 시작되는 영화.

그러다 동물이 화장품 실험용으로 사용되고 있음을 알게 된다. 주인공은 새로운 법이 생겨야 함을 알고 포기하지 않고 노력하는 과정을 보여준다. 그리고 그런 자에게 하늘도 돕는다는 메세지가 있었다.

특별히 그동안 잊고 있었던 이 영화를 다시 보면서 〈특히 마지막 연설 장면〉 내가 20년 전에 이 영화를 보면서 왜 이리 가슴이 뛰었는지 지금 왜 이 자리에 있게 되었는지 알게 되었다.

영화 [금발이 너무해 2] 중, 한 장면

116

저는 알고 있습니다.

진실한 목소리는 많은 사람들의 목소리보다 클 수 있다는 것을.

우리의 목소리를 잃는다면... 다른 사람이 하는 대로 놔둔다면 그렇게

우리가 타협하게 된다면, 우리는 모두가 엉망이 될 거예요.

용기 있게 목소리를 내야 합니다. 원하는 것을 선물로 주는 이 나라를

위해 목소리를 내세요. 그리고 기억하세요.

당신은 아름답다는 것을.

Speak up korea!!!

우리나라를 위해 목소리를 높여야 할 때이다.

내가 너무나 당연하게 누려왔던 것을 지키기 위해.

잠언 31장 8절

너는 말 못 하는 자와 모든 고독한 자의 송사를 위하여 입을 열지니라

"Speak up for those who cannot speak for themselves,

for the rights of all who are destitute."

6. 미국 차별금지법 50년 동안 막은 아줌마

'필리스 슐래플리' 여섯 아이의 엄마

법 통과를 위해 투표하는 날 우리 딸들을 군대에 보낼 수 없다.

남자와 화장실을 같이 쓸 수 없다. 라는 문구를 가지고 직접 구운 빵을 선물하며 국회의원들을 설득한다. 그 결과 아무도 예상치 못하게 법이 통과되지 못한다. 기도하는 여인 그녀로 인해 미국은 50년 동안 평등법(ERA)이 통과되지 못하고 있다. 정치계에 들어가지는 않았지만 평생 책을 쓰고 시민운동을 하였다.

그녀는 레이건 대통령과 트럼프 대통령 당선의 주역이다.

2016년 그녀의 장례식에 참석한 트럼프 대통령은 우리는 보수주의의 영웅을 잃었다고 애도하였다.

우리나라도 차별금지법 낙태법이 곧 통과될 거다. 소망이 없다고 할 때 평범하지만 진리를 외칠 때 작은 물방울이 모여 바다를 덮음같이 반드시 막아주실 거란 소망을 본다. 우리나라엔 나와 같은 평범한 국민들이 가장 많기 때문이다. 그 안에서 역사하시는 주님을 본다.

그녀의 이야기를 다룬 드라마 <미세스 아메리카>

04 장

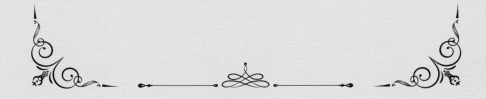

1. 오늘도 아이는 날 살게 한다

누가 나에게 살면서 가장 잘한 것이 무엇이냐고 묻는다면 주저하지 않고 난 아기를 낳고 기른 것이라고 말할 것이다. 결혼 전까지는 아이 때문에 내 인생 손해 보지 않을 거라 생각했다.

평생 공부하고 노력한 일을 아이가 생기자 포기하는 엄마들을 보면 바보처럼 느껴졌다. 그래서 난 더더욱 그렇게 살지 않을 거라 다짐하며 살았다.

결혼을 했다. 첫 아이는 딸!! 그렇게 다짐하던 집에만 있는 엄마의 자리에 내가 있었다. 딸은 어릴 적부터 나에게 생글생글 웃어주었다. 내가 힘들면 안아주고 울어줬다. 그냥 내 모든 것을 아는 것 같았다. 그 어린아이가 말이다. 내 성격과 전혀 다른 내 딸이 난 참 좋다. 사랑한다. 내 마음의 햇살 같은 아이다.

둘째 아이는 아들!! 나를 닮아 입이 작아서 미안한 내 아들.

아기였을 때부터 의젓하게 나를 지켜주는 것 같았다. "엄마 내가 있잖아 걱정 마. 힘내." 이런 말을 항상 내뿜는 아이처럼 느껴진다. 이제는 내 키보다 더 자란 내 아들. 우리 아들 처음 자전거 탄 날을 잊을 수가 없다. 저 멀리서 혼자 자전거를 처음 타고 엄마 하며 웃으며 나에게 오는데, 난 그때 처음 눈에 넣어도 안 아프다는 말을 알게 되었다.

그때 나도 주님께 그런 존재란 생각이 들었다. 엄마도 날 그렇게 키웠고 나도 아이를 키우며 이걸 깨닫는게 인생이라는 것을 알았다.

난 아이들에게 매일매일 순간순간 사랑해라고 한다.
그리고 안아준다. 아이들이 날 안아주는 느낌이 좋다.
주님이 날 안아주시는 것 같다.
난 오늘 하루도 사랑해!!! 하며 하루를 마친다.
그러면 아이들은 "엄마 사랑해"라고 한다.
그 말이 나를 행복하게 한다.
나를 치료한다. 주님처럼.

2. 낙태법 이대로가 최선이다

처음과 마지막에 하는 말은 사랑해

하나님의 음성을 듣고 나의 의지와 생각이 없는 순종을 하고 여러 가지 기적을 맛보았는데도 법이 만들어지지 않고 2021년이 되었다.

처음엔 이런 결과를 어떻게 해석해야 할지 당황스러웠다.

그러다가 몇 달 후 승리했다는 확신을 주셨다.

낙태죄가 헌법불합치라는 것은 유감이지만 지금도 사회 통념상 아주 떳떳하게 할 수는 없는 것이다. 예전과 지금 크게 바뀐 것은 없다는 것이다. 낙태는 임신을 확인하게 되는 순간 5~6주 사이에 거의 이루어지고 있다. 수술을 늦게 할수록 내 몸에 안 좋다는 것은 다 알고 있기 때문이다. 몇 주라도 낙태가 가능한 법이 만들어지면 우리나라는 낙태 합법 국가가 되는 것이다.

또한 그에 따른 바꿔야 할 법들이 너무나 많아 사회 혼란을 가중시킬 것이다. 분야별 논쟁이 끊이질 않을 것이다.

모든 법이 미국을 따라가고 있으니 우리나라도 곧 금지에 해당되는 법이 세워지길 바란다. 또한 법의 유무와 상관없이 올바른 판단을 하기를 바란다. 그러기에는 올바른 언론과 사회 인식이 먼저 동반되어야겠다.

3. 낙태법 끝나도 끝난 것이 아니다

　헌법재판소는 낙태죄에 대해 헌법불합치 판결을 내리며 2020년 12월 31일까지 법을 개정하라고 했다. 하지만 아무런 논의가 이루어지지 않고 2021년을 맞이했다. 그러면 낙태죄가 없어지는 것이 아니냐고 언론은 호도하고 있지만 실상은 그렇지 않다. 오히려 그들의 선포(?)에 맞장구를 쳐주는 것이 된다. 낙태법 무엇보다 아무런 것도 정해지지 않았다.

　12월 9일 마지막 정기국회. 정부에서 내놓은 법안마저 통과되지 않은 것을 보고 하나님이 시간을 더 주시고 기회를 주시는구나 기뻤다. 우리가 기도하고 있는 〈낙태법 차별금지법 교회 탄압〉 가운데 주님이 반드시 역사하실 것이다. 주님이 다 하실 수도 있지만 이 과정 가운데 우리가 어떤 믿음의 선포와 행동을 하는지 기다리고 계신다. 오병이어의 기적도 보잘것없는 작은 도시락 하나를 내놓은 사람이 있기에 가능했던 것이다.

　〈낙태법〉 끝나야 끝난 것이다. 또 끝나도 끝난 것이 아니다.

1973년 미국은 낙태가 합법이 되었지만 낙태에 반대하는 정치인이 선거에서 승리한 지역마다 낙태는 어려워졌다. 재정 지원이 끊기고 규제가 늘어나며 낙태 시술 병원이 줄어들었고, 낙태 시술 전 엄마에게 태아 초음파 사진을 보여줘야 한다는 법까지 생겼다.

또한 2013년 텍사스 주는 낙태 수술 시 자칫 응급상황이 될 수도 있는 것을 고려하여 낙태 시술소는 48킬로미터 안에 통합 수술센터가 있어야 하는 환자 이송 특권법을 만들어 낙태 시술소 40개를 20개로 줄이는 결과를 가져왔다.

물론 대형병원이 비교적 가까이 있는 우리나라에는 맞지 않는 법이지만 우리나라의 실정을 고려한 이런 창의적인 법이 나와 생명을 살리기를 기도하고 있다.

2019년엔 전원 남성으로 구성된 텍사스주 와스콤시 의회는 특수한 경우를 제외하면 낙태를 금지하는 법안을 만장일치로 통과시켰다. 사실상 로 대 웨이드 판결(낙태 합법) 이전으로 돌아간 셈이며 낙태 반대 세력의 목표는 이러한 법안들을 가지고 연방대법원으로 가는 것이다.

　때마침 트럼프 미국 대통령이 지난 9월 말 별세한 루스 베이더 긴즈버그 대법관의 후임으로 7명의 엄마이자 독실한 가톨릭 신자이자이며 생명존중하는 에이미 코니 배럿 판사를 지명하였다. 대통령이어떤 사람이 되든 연방대법관의 영향력은 엄청난 것이다.

　그동안 미국 대선에 낙태 찬성과 반대는 투표의 기준이 되었고 50여 년 동안 생명 운동(프로라이프)이 일어나는 계기가 되었고 교회가하나 되는 역할을 하였다. 교회여 일어나라!

4. 낙태되는 아이들을 나라에서 키울 수 있다면

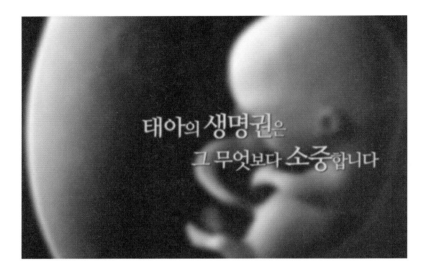

태아의 생명권은
그 무엇보다 소중합니다

매일 수많은 아이들이 죽어가고 있다. 이 세상에서 가장 비참한 소리 없는 절규이다. 누구도 사라져가는 아이들을 대변해 줄 사람이 없는 것일까?

저출산 인구 감소 대책으로 우리나라 정부에서는 여러 정책을 만들어 예산을 쓰고 있다. 신혼부부 아파트 특별공급과 대출 80% 그리고 출산장려금 산후도우미 다둥이 혜택 등등 점점 더 범위를 확대하고 있다.

또한 외국인들을 받아들이고 점점 특혜를 늘려 외국인 특별전형

(특목고와 대학) 장학금 제도와 주거 특별공급까지 열심히 사는 우리 국민도 누려 보지 못하는 혜택을 주는 건 명백한 잘못이다. 그로 인해 우리나라 학생들과 청년층의 박탈감.

대학가기 힘든 이유도 취직하지 못하는 이유도 잘못된 정책의 결함이 밑바탕에 깔려 있다. 오히려 우리나라 아이들이 외국으로 내몰리고 있다. 예전에는 열심히 하면 잘될 거란 희망으로 열심히 살았던 우리나라 국민들이 무기력에 빠져 자살지수도 늘어나고 있다.

이 많은 정책과 예산에도 인구 수가 늘고 있는가? 결혼과 출산 기피는 교육과 정책의 결과이다. 고학력일수록 아이를 낳지 않는다고도 한다. 그동안 열심히 했던 결과를 한순간에 날려버릴 수도 있기 때문이다. 이렇게 외국인 리더 밑에서 일하는 대한민국이 되어가고 있다.

낙태를 정말로 원하는 여성은 없다. 누군가 키워준다면 그리고 비밀이 지켜진다면 자신의 건강과 죄책감을 담보로 낙태하러 가는 여성들은 현저히 줄어들 것이다. 평생 죄책감과 후유증에 시달리지 않을 것이다. 그러면 우리나라 인구는 늘어나고 생산력 있는 청년층이 늘어나 활기 있는 대한민국이 될 것이다.

태아생명살리기 대표로 그동안 길거리 캠페인과 칼럼을 쓰며 낙태법에 대해 알려왔고, 그동안 애쓰신 단체들이 어떤 곳인지 알고 있다. 국가정책으로 채택해 주신다면 여러 기관과 협력하여 낙태될 수 있는 아이들을 살려 국가가 키우는 방향을 제시하고 싶다. 아이들을 키우는 선생님들로 보호 종료 청년들도 생각해 보았다. 보호 종료 아동들은 성인이 되면 삶의 터전이 막막하다.

그 아이들에게 숙식과 취업의 기회 또한 줄 수 있는 것을 제안해 본다. 안전한 곳에서 보호되어야 할 아이들을 진정한 사회적 약자가 서로가 서로를 돌보는 것이다.

국민신문고에 이 글을 올려 보건복지부에서 몇 달 만에 답변을 받았다. 인구 증가를 위한 낙태 금지는 일반 통념상 적용하기 어려워 제안심사가 불가하다고 한다. 눈이 있어도 보지 못하는 것 같다.

너희가 눈이 있어도 보지 못하며
귀가 있어도 듣지 못하느냐
또 기억하지 못하느냐

마가복음 8장18절

5. 코로나로 시작된 마지막 때

2020년 2월부터 시작된 전 세계 코로나 팬데믹 세상. 우린 모든 영역에서 생각지도 못한 전혀 새로운 세상에서 살고 있다. 이러다 좋아지겠지 하며 2년이 다 돼 가고 있다. 또 언제 끝날지 모르는 상황이 되었다. 코로나로 인해 전 세계가 하나인 것처럼 통제를 받고 있다.

<코로나 뉴스 시나리오>

1. 교회는 코로나 집단감염지

처음에는 모든 것을 신천지교회의 탓으로 돌리더니 일반 교회로 퍼지고 뉴스는 교회가 집단감염지라는 인식을 심어주었다. 누군가 기다렸다는 듯이 시나리오대로 매일 뉴스를 통해 신속하게 움직여지는 느낌이었다. 교회는 오히려 죄송하다며 적극 방역에 협조했다.

2. 전국 교회 전면 폐쇄

'백신만 개발되면 나아질 거야'라는 기사를 내고 안심시키더니 8월엔 전국교회 전면 폐쇄가 되었다. 그러면서도 진행한 것이 차별금지법 낙태법 교회폐쇄법이다.

3. 전 국민 코로나 백신 접종

백신만 맞으면 일상으로 돌아갈 것이란 기대를 주며 1·2차 백신 접종이 전 국민 80%를 넘고 있다. 그러면 11월부터 위드코로나로 바뀐다고 기다렸더니 확진자가 너무나 많아진다고 3차 주사를 맞으라 한다. 또 백신 유효기간이 6개월이라더니 그 기간 또한 짧아지고 있다. 이대로라면 매달 주사를 맞아야 하고 그로 인한 사망과 부작용은 누가 책임진단 말인가.

4. 백신 접종 사망자 증가

건강에 아무 이상이 없던 사람이 백신 접종 며칠 만에 사망하여도 코로나 때문만은 아니라고 한다. 또 그렇게 믿는다. 내 가족에게 일어난 일이라도 그렇게 말할 수 있을까. 코로나 백신 사망자는 통계보다 훨씬 많다. 사망 후 부검을 통한 의료진의 부검소견서가 있어야 하는데 이 과정을 거쳐 카운트되는 건 희박하다.

5. 청소년 어린이 접종과 노약자 추가 접종

이제는 청소년과 어린이들까지 맞아야 한다는 뉴스, 요양병원에 계신 분들은 가족들이 권유해서 추가 접종하라는 국가 긴급문자가 왔다.

6. 백신 접종 차별

자가 격리자가 되면 백신 미접종자는 음성판정에도 매번 자가격리 10일을 해야 한다. 그로 인해 특히 자영업자들과 학생들의 피해는 엄청나다. 주요 시설에서의 입장 제한도 시작되었다.

7. 전 국민의 빠른 접종률에도 늘어만 가는 확진자

코로나 확진이 되어도 대부분은 집에서 10일 격리하고 추가 검사 없이 바로 일상생활이 가능하다. 증상이 있어도 5~14일 안에 상황이 호전되며 코로나로 인한 사망자는 70세 이상의 면역력이 약한 사람들에게나 주로 일어난다. 이것은 어떤 바이러스나 질병에도 해당되는 내용이다. 중요한 것은 이 모든 과정을 겪으며 세상을 통제하고 교회를 공격하는 법을 만들고 있다는 것이다. 정말 국민들의 건강이 걱정돼서 이러는가? 코로나 확진이 되면 처음 질문이 '종교시설에 가셨나요?'라고 조사한다. 이 세상은 이미 마지막 때를 향해 달려가고 있다. 이것 또한 시작에 불과하다. 이 시나리오를 보고 이제라도 깨어나는 성도들이 많기를 간절히 기도한다. 뉴스만 보고 계속해서 백신을 맞아가며 언젠간 끝나겠지 하며 살지는 나의 선택이다. 이 글이 맞다 틀리다 보다는 언젠간 올 성경에서 말하는 마지막 때를 적어도 이 기간 동안 준비해 보면 어떨까.

〈그러면 이 상황에서 우린 어떻게 살아야 할까〉

불안해지기도 하고 모든 것이 혼란스러워지기도 한다. 하지만 예수님은 말씀하셨다.

"내가 이 반석 위에 내 교회를 세우리니 음부의 권세가 이기지 못하리라."(마태복음 16:18) 음부의 권세가 교회를 이기지 못한다고 하셨다. 그리고 "세상에서는 너희가 환난을 당하나 담대하라 내가 세상을 이기었노라."(요한복음 16:33)라고 하셨다.

앞으로 교회가 아무리 양보하고 협조해도 교회에 대한 공격은 멈추지 않을 것이다. 하지만 성경이 진짜라는 것!! 말씀대로 될 것이라는 확증이기도 하다. 하지만 그때 이기는 자가 되라고 하신다 (요한계시록) 우리나라만큼은 코로나가 하만의 장대가 되길 기도한다. 그래서 오히려 깨어나는 성도들이 더 많아지길 기도한다. 예수님의 다시 오심을 준비하는 성도들이 많아지길 기도한다.

두려워 말라!!! 예수께 속한 자들에게는 천국 잔치가 점점 더 다가오고 있는 것이다. 그를 찌른 자도 그를 볼 것이요(계1:7) 주님이 절대 없다고 생각하는 자들도 두 눈으로 주님을 볼 것이다.

그 얼마나 통쾌한 날인가. 마라나타. 주 예수여 속히 오소서!

예레미야 9장 8~9절
그들의 혀는 죽이는 화살이라 거짓을 말하며 입으로는 그 이웃에게 평화를 말하나 마음으로는 해를 꾸미는 도다
내가 이 일들로 말미암아 그들에게 벌하지 아니하겠으며 내 마음이 이런 나라에 보복하지 않겠느냐 여호와의 말씀이니라

6. 대통령께 부탁드립니다

1. 신앙의 자유를 보장해 주시기를 바랍니다

우리나라 가장 상위법인 헌법에 명시되어 있음에도 불구하고 신앙의 자유가 심각하게 위협받고 있습니다. 코로나로 인해 신앙의 자유를 잃어버린 듯한 2년을 살고 있습니다. 그동안 한국 교회는 우리나라에 가장 큰 역할을 했음은 누구든 부정할 수가 없습니다. 전기도 없던 깜깜한 조선에 선교사님들의 헌신으로 우리나라는 개화하며 발전해 왔습니다. 선교사님들은 풍토병으로 죽고 어린 자녀를 잃어도 우리나라를 떠나지 않고 병원과 학교가 세워졌습니다. 그것이 기초가 되어 우리나라의 모든 것이 세워졌습니다. 종교와 상관없이 우리나라 국민이라면 이분들에게 고마워해야 할 것입니다. 우리는 그저 이 땅에 태어나 지금 당연한 듯 누리고 있기 때문입니다.

또한 국가가 어려울 때마다 기독교인들은 신앙심을 바탕에 둔 애국심으로 나라를 위해 희생해 왔습니다. 지난 코로나 2년 동안 가장 모범되게 방역을 펼쳐온 곳도 교회입니다. 그럼에도 불구하고 언론에서는 교회가 집단감염지라는 뉴스를 반복하여 기독교인이라는 자체가 수치스러운 감정이 들게 하고 있습니다.

2. 코로나 정치방역 멈춰 주시기를 바랍니다

그동안의 공정하지 못한 정책과 행정명령으로 인해 국민들의 삶의 수준은 추락하고 있습니다. 전 세계적인 흐름으로 맹목적으로 따라갈 것이 아니라 "Stop!!!"이라고 외칠 수 있는 대통령이 되시길 기도합니다. 대통령이 거절하시면 바로 일상으로 돌아갈 수 있습니다. 대통령은 그런 결정권이 있는 자리이기 때문입니다. 지금까지 우리가 경험했던 예방접종들과 달리 많은 의혹과 부작용 가운데서도 백신접종을 강요하고 있습니다.

특히 코로나로 인한 사망자가 한 명도 나오지 않은 청소년들에게 학원 방역패스는 너무나 위험합니다. 즉각 시정해 주시길 바랍니다.

3. 동성애 옹호 교육을 멈춰 주시기를 바랍니다

유치원부터 시작되는 점진적인 동성애 옹호 교육은 어른이 할 수 있는 가장 나쁜 일이라고 생각합니다. 우리나라 청소년 에이즈 환자의 가파른 증가도 잘못된 교육의 결과물입니다. 저는 학교 다닐 때 에이즈는 죽음에 이르는 위험한 질병이라고 배웠습니다. 그 덕분에

에이즈는 우리나라에서 아주 희귀한 질병이었습니다. 하지만 지금은 고혈압처럼 약을 먹으면서 살아갈 수 있는 질병 중 하나로 가르칩니다. 시간이 지나면서 질병에 대한 정보가 변하는 건가요? 그동안 무엇이 변한 건가요? 매달 세금으로 평생 지불되는 에이즈 치료비로 국민 대다수의 의료보험 보장도 위태로운 상황에 이르고 있습니다.

4. 차별금지법 시도를 멈춰 주시기를 바랍니다

2007년도부터 시도하고 있는 차별금지법. 그동안 반대 의사를 표현하려고 얼마나 많은 사람들의 노력과 시간과 재정이 들어갔지만 일반 언론에는 실어주지 않습니다 이미 통과된 외국의 사례들을 보면 뻔히 보이는 일인데도 가짜뉴스라고 매도하고 있습니다. 인터넷이 발달한 결과로 외국에서 살고 있는 친구들의 이야기만 들어봐도 확실하게 알 수 있습니다. 또한 우리나라는 차별금지법이 필요 없을 정도로 이미 법으로 충분히 보장되고 있습니다.

5. 외국인 우선 정책을 시정해 주시기를 바랍니다

크게 부동산, 교육, 의료 정책입니다. 법은 우리나라 국민을 먼저 보호하는 것이고 세금 사용도 마찬가지입니다. 우리나라 국민의 평생소원인 아파트 청약도 외국인들은 쉽게 당첨되고 있습니다. 다주택 대출 규제도 외국인에게 해당되지 않아 국토의 상당 부분이 빠른 속도로 외국인 소유가 되고 있습니다.

또한 진짜 유공자 자녀들은 혜택을 누리지 못한 입학전형도 최근 국가 유공자가 된 자녀들과 외국인이 누리고 있습니다. 외국인에 대한 법이 꼭 필요하다면 예외 항목으로 법을 만들어 주십시오. 열심히 일한 자국민보다 외국인이라는 이유 하나로 엄청난 특혜를 받는 것은 청년들을 무력하게 합니다.

앞으로 우리나라의 미래도 암담하게 만듭니다. 시정하지 않는다면 그들이 우리나라 리더의 자리에 서게 될 것입니다. 누구든 그러길 바라며 법을 만들지는 않았을 겁니다.

우리나라 병원은 전 세계 최고의 의료진과 시설, 신속성 그에 비해 비용 또한 탁월하게 저렴합니다. 하지만 단일 민족 국가였던 우리나라는 준비되지 않은 정책으로 인하여 외국인들에게 무분별한 특혜를 줌으로써 국민들의 의료보험은 흔들리고 있습니다.

6. 생명 존중하는 법과 교육 정책을 바랍니다

우리나라는 낙태죄 헌법불합치 판결로 현재 법이 공백 상태에 있습니다. 지금의 비혼 저출산 현상은 교육 정책의 결과물입니다. 아무리 세금을 들여 정책을 만들어도 교육과 문화영역에서 바뀌지 않는다면 헛수고가 될 것입니다. 국민이 모여 나라가 생겨나고 대통령도 필요한 것인데 국민이 사라지면 대통령도 필요 없게 됩니다.

7. 마지막으로 안보 정책을 부탁드립니다

일부러 의도하지는 않았겠지만 현재 여러 법과 정책들의 결과물로 우리나라 안보가 심하게 흔들리고 있습니다. 국민들은 요즘 일제시대에도 경험하지 못한 자유를 박탈당하고 있고 끝은 보이질 않습니다. 정부에서 하는 말이라면 이토록 잘 따르는 국민들을 더 이상 곤경에 빠뜨리지 않는 대통령님이 되어주시길 부탁드립니다. 그리하면 천이백만 성도들은 지혜로운 정책을 위해 하늘의 도우심이 있기를 매일 기도하겠습니다.

7. 최근 낙태법에 대한 변화

'낙태권 폐지' 판결 이후 미국 지역별 낙태 금지 및 허용 현황 25일 기준.

금지(16곳)　조건부 금지(5곳)　법원이 금지 조치 효력 정지(5곳)　합법(25곳)

2022년 기준(낙태 합법인 곳의 면적이 얼마 되지 않는다)
낙태 합법 하늘색 표기

　낙태 반대하는 주가 51개주 중에 절반 이상으로 늘어나고 있다. 면적으로만 봤을 때는 훨씬 더 많은 곳이다.

　법이 통과되고 49년 만의 일이다.

　레위기 25장에 나오는 50년째 되는 해에 나타나는 희년의 열매라는 것을 이 책을 쓰면서 알게 하셨다.

레위기 25장 8~12절

너는 일곱 안식년을 계수할지니 이는 칠 년이 일곱 번인즉 안식년 일곱
번 동안 곧 사십구 년이라
일곱째 달 열흘날은 속죄일이니 너는 뿔 나팔 소리를 내되 전국에서 뿔
나팔을 크게 불지며 너희는 오십 년째 해를 거룩하게 하여 그 땅에 있는
모든 주민을 위하여 자유를 공포하라
이 해는 너희에게 희년이니 너희는 파종하지 말며 스스로 난 것을 거두
지 말며 가꾸지 아니한 포도를 거두지 말라
이는 희년이니 너희에게 거룩함이니라 너희는 밭의 소출을 먹으리라

  그동안 낙태 시술소 앞에서 기도하고 경찰에게 잡혀가고 시민운
동을 한 수많은 사람들이 떠오른다. 50년 가까이 한다면 주변에서도
포기하라고 하지 않았을까? 이쯤이면 받아들이고 차라리 다른 것을
하라고 했겠지만 나의 일처럼 눈물을 흘리며 기도한 한 사람 한 사람
들의 눈물이 모여 이런 결과를 얻을 수 있다고 생각한다. 우리나라는
이런 과오를 반복하지 않기를 다시 한번 간절히 기도한다.

시편 126장 5절
눈물을 흘리며 씨를 뿌리는 자는 기쁨으로 거두리로다

8. 생명나무의 비밀

    태아생명살리기 캠페인을 오랫동안 하던 중 생명나무에 감동을 느껴 성경을 보았습니다. 성경의 처음과 마지막인 창세기와 요한계시록에만 생명나무가 나와 깜짝 놀랐습니다.

    (잠언에 지혜를 생명나무로 비유한 곳은 있어요)

창세기 2장 9절
여호와 하나님이 그 땅에서 보기에 아름답고 먹기에 좋은 나무가 나게
하시니 동산 가운데에는 생명나무와 선악을 알게 하는 나무도 있더라
창세기 3장 22절
여호와 하나님이 이르시되 보라 이 사람이 선악을 아는 일에 우리 중 하
나 같이 되었으니 그가 그의 손을 들어 생명나무 열매도 따 먹고 영생할
까 하노라 하시고
창세기 3장 24절
이같이 하나님이 그 사람을 쫓아내시고 에덴동산 동쪽에 그룹들과 두루
도는 불 칼을 두어 생명나무의 길을 지키게 하시니라

    성경의 처음과 마지막에 생명 나무를 우리에게 주신 것입니다.
    에덴동산에는 생명 나무와 선악과나무가 있었습니다.
    아담과 이브가 에덴동산에서 쫓겨난 것은 생명 나무까지 건드릴까

봐 쫓아 내시고 불칼로 생명 나무를 지키셨습니다.

요한계시록 22장

그가 수정같이 맑은 생명수의 강을 내게 보이니 하나님과 및 어린 양의 보좌로부터 나와서 길 가운데로 흐르더라
강 좌우에 생명나무가 있어 열두 가지 열매를 맺되 달마다 그 열매를 맺고 그 나무 잎사귀들은 만국을 치료하기 위하여 있더라 (1.2절)
자기 두루마기를 빠는 자들은 복이 있으니 이는 그들이 생명나무에 나아가며 문들을 통하여 성에 들어갈 권세를 받으려 함이로다 (14절)
만일 누구든지 이 두루마리의 예언의 말씀에서 제하여 버리면 하나님이 이 두루마리에 기록된 생명나무와 및 거룩한 성에 참여함을 제하여 버리시리라 (19절)

요한계시록 22장 성경의 가장 마지막에 생명나무가 나옵니다.
그리고 주님이 속히 오실 거라 합니다. 우리에게 일어나는 일들이 주님이 오시기 전에 일들이라는 것입니다. 그래서 우리에게 생명나무를 보이십니다. 낙태법과 코로나바이러스 등으로 모든 나라가 진통을 겪고 있습니다. 어느 때보다 죽음이 가깝게 느껴지는 세상 속에서 생명의 주관자는 누구냐고 물으십니다.
생명을 택할 건지 아닌지를 물으십니다. 뉴스를 믿을 것인지 말씀을 믿을 것인지 물으십니다. 대한민국은 어떤 선택을 할 것인지!! 물으십니다.
생명나무를 건드는 것은 영생!! 곧 하나님과 같이 되려는 것입니다. 생명의 주관자는 인간이 아닌 오직 주님이시기에.

생명나무는 열매를 맺어 만국을 치료하기 위하여 있고
말씀은 열매가 되어 만국을 치료합니다. 우리를 치료합니다.

자기 두루마기를 빠는 자는 (회개와 선한 행실)
생명나무에 나아가... 성에 들어갈 권세를 받는 것입니다.
우리가 갈 거룩한 성 천국에 생명나무가 있습니다.
천국에 가는 자 되길, 이기는 자 되길,
이기는 대한민국이 되길 축복합니다.

이 책을 마치며

　사람들에게 사실을 알리고 싶은 마음으로 쓴 글이 2019년부터 기사가 되고 칼럼이 되어 그동안의 글을 모아 책을 내게 되었다. 여러 곳에 기사로 낸 글이라 다소 중복되는 내용도 많다.

　캠페인과 이 모든 활동은 코로나 제재가 가장 심한 기간인 교회 문도 닫은 시간에 이루어졌다. 우리는 그곳에서 예배를 드렸다. 그 어떤 분도 코로나에 걸리지도 않았고 어떤 문제도 생기지 않았다. 국회에 많은 경찰들이 있지만 한 번도 우리의 일을 막은 적이 없었다. 새로 오신 분에게 우리들의 위치를 세세히 알려주었다. 뉴스만 믿는 사람들에게는 상상할 수도 없는 일이었다. 우리를 보호해 주신 하나님의 손길에 감사드린다.

　캠페인을 함께해 주신 많은 분께 감사드린다.

　갑자기 우리 집 앞에 이사 온 후 캠페인이 시작되어 매주 나와 함께 피켓 운반 정리를 해주신 유승진 집사님, 파주에서 여러 번 대중교통을 타고 오셔 묵묵히 매주 자리를 지키신 강명희 권사님, 스마일로 항상 우리와 함께하신 볼리비아 심포니아 이 선교사님, 70세가 넘으셨는데도 누구보다 센(saint) 언니 복연순 권사님 한번은 캠페인하다 쓰러지셔 응급실에 실려 가셨는데도 오히려 미안해하시고 지금도 캠페인에 나가신다.

　강원도 원주에서 가능할 때 버스 타고 오셔 잠깐이라도 하고 가야마음이 편하시다는 세 아이 엄마 박현민 집사님,

　평택에서 휴가를 내고 오시던 간호사이신 이재란 집사님,

내가 마음이 낙담되었을 때 대전에서 혜성같이 나타나 식사비를 주시며 힘을 주셔 눈물 나게 하신 이민아 집사님, 어린 세 아이를 두신 분인데 기도하면 이 자리에 안 가볼 수가 없다며 함께해 주신 현봉희 집사님, 직장에 다니면서도 점심시간을 이용해서 우리와 함께해 주고 못 오는 날엔 전화를 주셔 못 가서 미안하다 하시던 인치은 집사님, 이런 기도 제목에 어떻게 가만있을 수 있느냐며 교회 사람들을 어렵게 설득해 가며 함께해 주신 최미현 사모님, 우리의 든든한 기둥 같은 허베드로 목사님, 점심시간을 이용해 함께하시다 급하게 가시던 조산원을 하시는 정승민 원장님, 출산 전날 만삭의 몸으로 피켓을 들며 가장 의미 있는 일을 하고 싶다던 분, 식사비를 보내주신 분 등 여러 가지 모양으로 함께해 주신 분들께 감사하다.

나도 캠페인을 하며 알았다. 세상에 이런 분들도 있다는 것을.
나는 사연이 있어(?) 나왔지만 이분들은 카톡 문자 하나에 감동받고 혼자 자진해서 나오셨다. 이런 분들이 있기에 캠페인이 가능했다. 우리나라도 하나님 나라도 이런 무명의 사람들의 헌신으로 이어지고 있다. 아무 이름도 남기지 않은 조선시대 행주대첩의 여인들이 생각나지 않는가.

캠페인은 지금도 매주 지속되고 있다....

끼 넘치는 태아

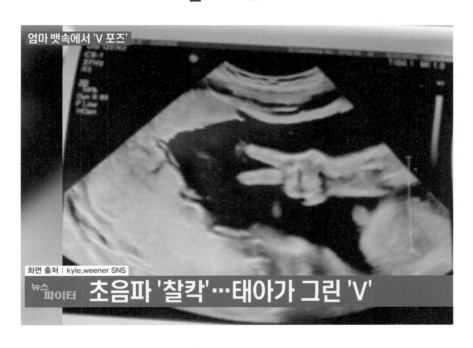

엄마 뱃속에서 'V 포즈'

화면 출처 : kyle,weener SNS

뉴스
파이터 초음파 '찰칵'…태아가 그린 'V'

임신 31주

태아생명살리기

1판 1쇄 발행 2023년 10월 23일
지은이 정영선

편집 양보람 **마케팅·지원** 김혜지
펴낸곳 (주)하움출판사 **펴낸이** 문현광

이메일 haum1000@naver.com **홈페이지** haum.kr
블로그 blog.naver.com/haum1000 **인스타** @haum1007

ISBN 979-11-6440-431-5 (03230)

좋은 책을 만들겠습니다.
하움출판사는 독자 여러분의 의견에 항상 귀 기울이고 있습니다.
파본은 구입처에서 교환해 드립니다.